Tankred Dorst

Begleitheft zur Ausstellung

mit Beiträgen von
Peter Bekes, Rudolf Denk, Jens Groß,
Ernst August Klötzke und Rüdiger Krohn

hrsg. von Alessandra Sorbello Staub

Stadt- und Universitätsbibliothek Frankfurt am Main
5. November – 19. Dezember 2003

Die Ausstellung begleitet
Tankred Dorsts öffentliche Vorlesung

»Sich im Irdischen zu üben«

im Rahmen der Stiftungsgastdozentur Poetik
der Johann Wolfgang Goethe-Universität
Frankfurt am Main
im Wintersemester 2003/2004

Herausgegeben von der Stadt- und Universitätsbibliothek
Frankfurt am Main
November 2003
Ausstellung und Begleitheft:
Alessandra Sorbello Staub
Technische Arbeiten:
Michael Geisel, Sybille DeBonis
Druck:
Druckerei Imbescheidt KG, Frankfurt am Main

ISBN 3-88131-096-7

Inhaltsverzeichnis

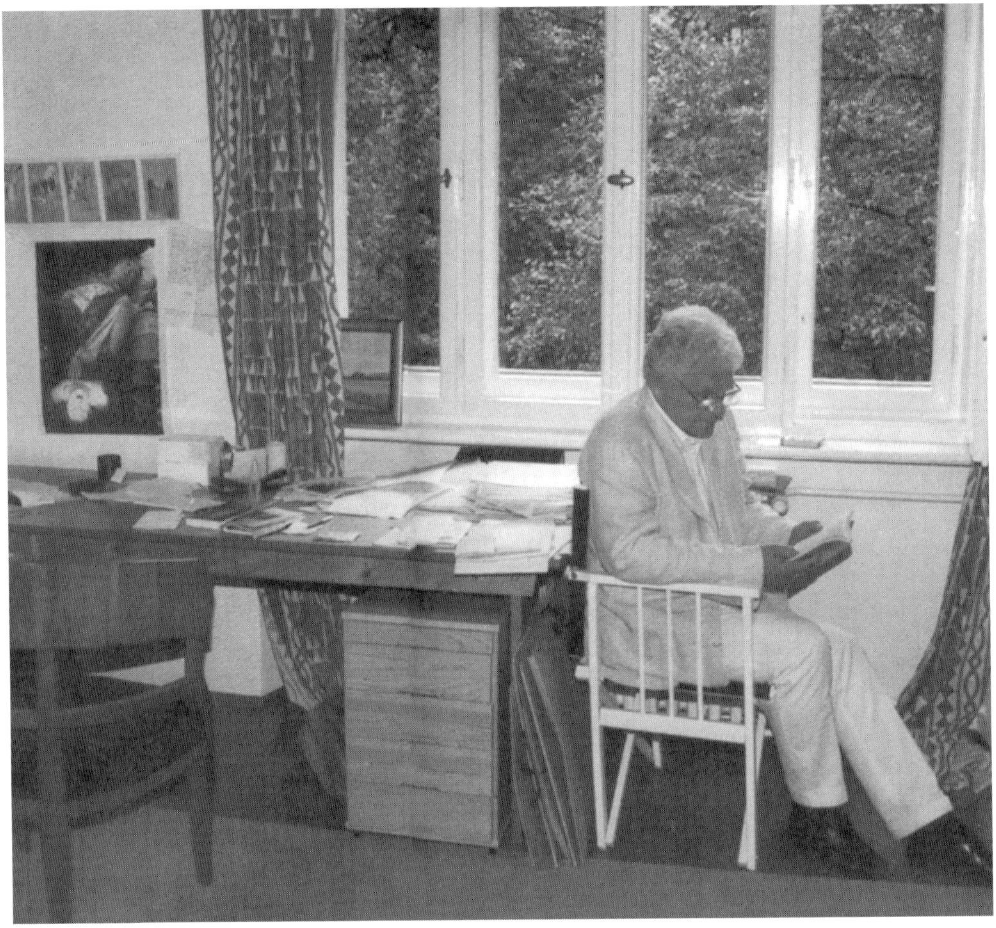

Vorwort

Im Wintersemester 2003/4 ist die Stiftungsgastdozentur Poetik der Johann Wolfgang Goethe-Universität Tankred Dorst übertragen worden. Die Vorlesungsreihe trägt den Titel »Sich im Irdischen zu üben«: Die vier einzelnen Vorträge sind folgenden Themen gewidmet: »Die Briefmarke oder Muss das Stück eine Handlung haben?«, »Merlins Zauber«, »Von Calderon zu Karlos« und »Paul oder die Schwerkraft«.
Die Stadt- und Universitätsbibliothek begleitet diese Veranstaltung traditionsgemäß mit einer Ausstellung zu Leben und Werk des Dramatikers. Bei dieser Aufgabe ist die Bibliothek besonders angesprochen, denn sie übt für die Bundesrepublik Deutschland mit Hilfe der Förderung der Deutschen Forschungsgemeinschaft die Rolle einer Schwerpunktbibliothek für die Deutsche Sprach- und Literaturwissenschaft sowie auch für Theater- und Filmkunst aus.
Die Vitrinen zeigen vielfältige Materialien aus der Produktion Tankred Dorsts und dokumentieren seine Tätigkeit als Theater-, aber auch als Filmautor. Zu zahlreichen Theaterwerken sind auch Inszenierungsdokumente und Bilder zu sehen.
Die Exponate stammen aus dem reichen Bestand der Stadt- und Universitätsbibliothek, vor allem aus dem bei der Theaterabteilung aufbewahrten Archiv des Schauspiels Frankfurt, das zahlreiche Werke von Tankred Dorst aufgeführt hat.
Für die Bereitstellung der weiteren Bestände möchten wir zunächst Tankred Dorst und Ursula Ehler, aber auch dem Suhrkamp Verlag, dem Projekt Theater Medienverlag, der Deutschen Bibliothek, dem Bärenreiter-Verlag und dem Deutschen Filmmuseum Frankfurt am Main danken.
Wir freuen uns insbesondere über das Entgegenkommen seitens des Deutschen Filmmuseums, parallel zur Ausstellung in einer kleinen Reihe die zentralen Filmwerke von Tankred Dorst zu zeigen.
Das Begleitheft sowie die Ausstellung greifen einzelne zentrale Themen der Vorlesungen auf. Der Katalog stellt dabei auch einen literaturwissenschaftlichen Kontrapunkt zu den einzelnen Vorlesungen dar. Besonderer Dank gilt den Literaturwissenschaftlern Peter Bekes, Rudolf Denk und Rüdiger Krohn, dem Komponisten Ernst August Klötzke sowie dem Chefdramaturgen des Schauspiels Frankfurt, Jens Groß, für ihre Bereitschaft, den Ausstellungskatalog mit ihren Beiträgen mitzugestalten.

Bernd Dugall
Leitender Bibliotheksdirektor

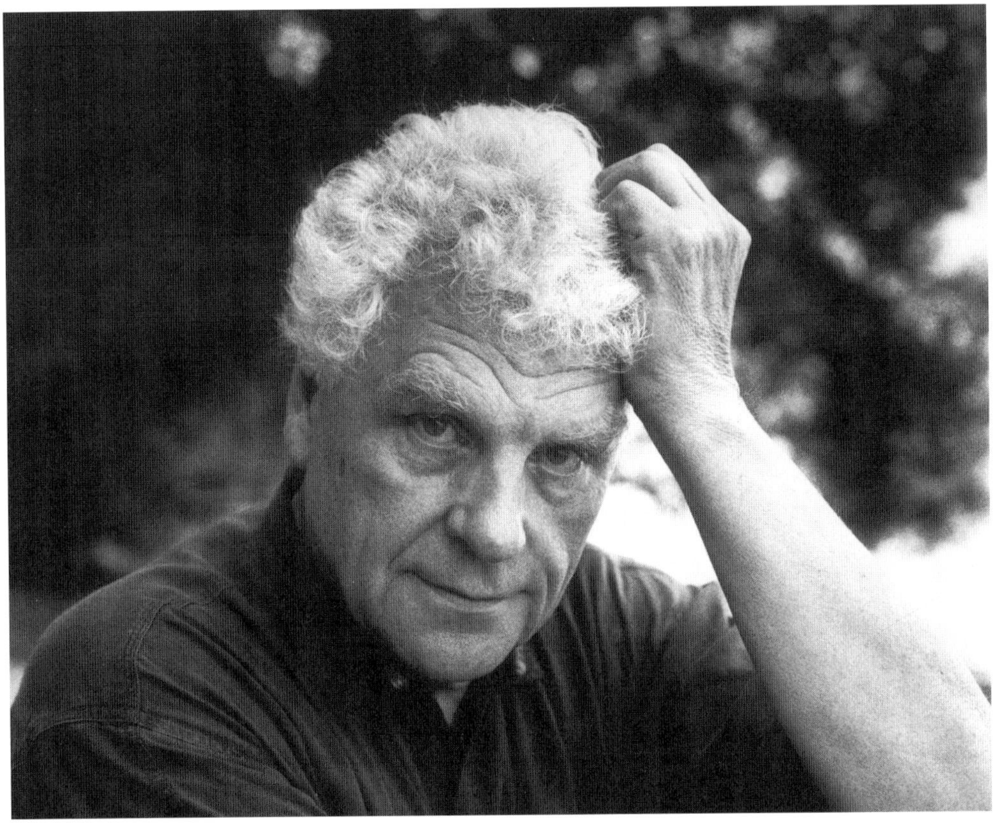

Tankred Dorst

Tankred Dorst
Der Autor stellt sich vor

Ich bin geboren in einem Dorf am Thüringer Wald, auf der fränkischen Seite. Die Einwohner des Dorfes waren Bauern oder verdienten ihr Brot mit Heimarbeit in der Spielzeugindustrie oder sie arbeiteten in der Maschinenfabrik. Die Maschinenfabrik war von meinem Großvater. Von diesem Großvater, den ich nicht gekannt habe, hat sich mir eine feste Vorstellung eingeprägt: Er sitzt, ein riesiger weißhäutiger Mann, in einer Sitzbadewanne auf einer Wiese im Garten, er sitzt im sonnengewärmten Wasser. Er war wohl auf seine Art ein Naturmensch und Naturapostel, er glaubte inbrünstig an die körperliche und geistige Gesundheit des Menschen, und er fand, daß Krankheit ein Verbrechen sei. In eine schwarze Kalliko-Kladde schrieb er Sinnsprüche und Lebensregeln, nach denen er sich auch richtete. Ich habe sie, als ich ein Kind war, im Dämmerlicht des großen Bodenraums, wo es nach Kamille roch, abgeschrieben. Seine Söhne – auch mein Vater – starben an Tuberkulose, die Krankheit ist in unserem Haus meine ganze Kindheit hindurch tabu gewesen. Kriegsanfang war ich dreizehn, die Führerrede wurde in den Physiksaal übertragen. In diesen Jahren war ich wohl von einer großen pubertären Todessehnsucht erfüllt, ich lief in den nassen Wiesen herum (da, wo jetzt die DDR-Grenze die Länder und Ansichten teilt), ich schrieb an die Dichterin Lulu von Strauß und Torney, die ich verehrte, ich fühlte mich als die einsame Ausnahme, ich wollte vom Himmel ins Meer fallen, mich opfern, der Krieg, der auf mich zukam, sollte die Gelegenheit dazu geben. Das Ende des Krieges habe ich in Amerika erlebt: Ich erinnere mich, wie ich in Amerika ankam. Es hieß: wir dürfen New York sehen, und so schob sich langsam eine Schlange aus den unteren Decks, wo wir viele Tage und Nächte verbracht hatten, über schmale Gänge und eiserne Treppen hinauf, und plötzlich war oben die Nacht über mir und die Stadt ringsum riesig erleuchtet, im Friedensglanz, und das Schiff glitt lautlos langsam mitten hinein. Eine Stadt, die nachts nicht in der Finsternis lag, das war etwas außerhalb der Welt, die ich kannte. In den Gefangenschaftsjahren habe ich viel gelesen, alles, was mir erreichbar war, Traktate von Sekten und Dostojewski, Toller und *Flachsmann als Erzieher,* Zweig, Werfel, Heine, die eigentliche und bis dahin mir unbekannte deutsche Literatur; und es ist das enge Zusammenleben im Lager mit sehr verschiedenartigen Menschen, die Arbeit in den Fabriken, auf Farmen, an den Eisenbahnschienen meine eigentliche Lehrzeit gewesen. Einmal mußten wir einen Graben ziehen unter einem Haus durch, das auf Betonklötzen stand. Unter diesem Haus, im Halbdunkel, dem Posten unsichtbar, habe ich zusammen mit einem Mitgefangenen abwechselnd schaufelnd und vorlesend das Buch kennengelernt, das mich damals und weithin in meinem Leben am meisten beeinflußt hat: den *Zauberberg;* zwei gelbe, taschenbuchähnliche Bände, wir hatten sie, als wir schließlich am andern Ende des Hauses wieder auftauchten, nahezu zu Ende gelesen.
Nach der Entlassung habe ich mich eine Zeitlang herumgetrieben, wußte nicht, was ich anfangen sollte, ohne Abitur, ohne Geld oder Beziehungen. Hin und her über die Zonengrenze, Schmuggel, Schwarzmarkt. In Wuppertal sagten mir zwei Schauspieler: Schreib Kabarett für uns, wir müssen ja leben. Ich konnte aber nichts schreiben, ich war nicht witzig genug. An die Währungsreform erinnere ich mich, ich erinnere mich an die Juninacht unter den Büschen hinter dem Münchner Hildebrandtbrunnen, da lag ich und hörte vom Bahnhof herüber das Geschrei und den Lärm, dort stürmten die Menschen die letzten abfahrenden Züge, um nach Haus zu kommen. Abitur im Münsterland. Studium in München bis in die Mitte der fünfziger Jahre. Ein Mitstudent, der im Krieg ein Bein verloren

hatte, sagte: Ich genier mich, noch länger in die Uni zu gehen. Die Einbeinigen waren aus den Hörsälen verschwunden, die Nachkriegszeit war zu Ende. Fertig studiert habe ich nicht. Ich blieb in meinem kalten Zimmer, deckte mich mit dem Teppich zu und hatte keine Vorstellung davon, wie ich mein Leben weiterbringen sollte. – Dann erscheint, zuerst von oben gesehn, vom Fenster herunter, ein Dramaturg, er kommt herauf und sagt: mein Entwurf habe gefallen, ob ich Dialoge schreiben könne. Es war in einem Wettbewerb der Entwurf zu einem Stück, nicht ein fertiges Drama gefordert worden. Das Mannheimer Theater hatte Themen ausgegeben, es waren die gängigen Themen der Zeit: Flüchtlingsprobleme, Atombombe, Rassenkonflikt, für die ich mich nicht interessierte. Meine bisherige Erfahrung von der Welt war anders: voller Widersprüche und ohne Kontinuität, und auf eine verzweifelte Weise komisch. So war das erste Stück, das ich für Theater geschrieben habe, eine freie Bearbeitung von Tiecks *Gestiefeltem Kater,* ein Stück, das auf groteske Weise alle artistischen Möglichkeiten des Theaters zur Schau und zugleich in Frage stellte. Es endete mit einem Streit des durchgefallenen Autors mit dem Publikum darüber, wer sich denn ändern müsse, diejenigen, die das Theater machen, oder diejenigen, die es ansehen. Es gibt keine sicheren Positionen, alles ist Maske, Willkür, Verstellung, und alles ist: Spiel. Auch in den folgenden Stücken drückte sich etwas von diesem Weltgefühl aus, ich habe sie ziemlich schnell hintereinander geschrieben, das nächste immer, um das vorher geschriebene, das mir nicht mehr gefiel, auszulöschen. Viel waren die Sachen, glaube ich, nicht wert. Ich war auf der Suche nach Realität, ich wollte realistisch schreiben, was mir nicht gelang. Ich wußte zu wenig, oder ich wollte mich auf das, was ich wußte, nicht einlassen. Erst mit »Toller«, der 1968 herauskam, aber zwei Jahre vorher geschrieben ist, bin ich auf eine wirkliche Realität gestoßen und habe versucht, sie einigermaßen wörtlich in das Stück hineinzuschreiben. Mit der Person Toller habe ich mich damals sehr identifiziert, ich wollte ihn kritisieren, indem ich die überwältigende Realität dieser Zeit und dieser politischen Zustände gegen seine expressionistische, mir zu allgemeine Menschheitsliebe setzte. Ich schrieb süchtig nach wirklichen Menschen Szenen, Szenenfragmente, Bilder, Dialoge auf, einen ganzen Haufen, ich ordnete sie zu einer unordentlichen Revue über die Münchner Räterepublik, von der ich, als ich anfing zu schreiben, sehr wenig wußte; ich lernte, indem ich schrieb. – Für »Eiszeit«, mein nächstes Stück, ist Knut Hamsun das nichtgenannte, aber wohl erkennbare Vorbild für den alten Schriftsteller gewesen, der störrisch auf seine Richter wartet. Sein politisch schlimmer Irrtum war der Stachel des Stückes, aber nicht sein Thema. Der Eiszeitgreis, der sich in ein Begriffsschema nicht einordnen läßt, war eine Person, die mich irritierte, und diese Irritation wollte ich an den Zuschauer weitergeben. Ich habe das Stück dann auch im Ärger darüber geschrieben, daß man es sich auf dem Theater dieser Jahre so leicht gemacht hatte. Man erfand politische Parabeln nach dem Muster Brechts, man konstruierte Fälle, die etwas von der Bühne herab beweisen sollten, Konstruktionen, in die man Personen nach den Forderungen der Dramaturgie, d. h. der Handlungsführung, einsetzte. »Ein Mensch ist aber etwas Widersprüchliches, ein Konglomerat von vielen Ideen und Empfindungen, und man kann nicht sagen, welche die wichtigsten sind.« Das sagt der Alte im Stück, und ich (obwohl ich mit dem Alten sonst natürlich nicht übereinstimme) meine das auch. – Mit »Auf dem Chimborazo«, einem Kammerspiel, bin ich von einer konstruierten Handlung noch weiter weggegangen: Vier Personen sind da in einem Wald, ihre Geschichte sollte nicht »dramatisch« sein, was da geredet, getan und gedacht wird, an diesem Nachmittag an der deutsch-deutschen Grenze, sollte, so weit das möglich ist, in vollkommener Natürlichkeit geredet und getan werden, etwa nach der Dramaturgie eines Spaziergangs. Zu diesem Stück gehören noch zwei andere, die in nächster Zeit heraus-

kommen und die zusammen so etwas wie eine deutsche Trilogie bilden sollen.
Ich habe bisher nahezu ausschließlich für das Theater geschrieben, einigemale auch mit Theatern direkt zusammengearbeitet, für das Bochumer Theater und für Zadek die Revue »Kleiner Mann was nun« nach Fallada, für das Frankfurter Theater und für Palitzsch »Goncourt oder Die Abschaffung des Todes«; auch mit Chéreau in Mailand und Villeurbanne; ich bin oft – und lieber als zu Aufführungen – auf Proben gewesen, habe während der Proben geändert, hinzugeschrieben, gekürzt, umgestellt – meine Vorstellung von dem, was ich geschrieben hatte, den spezifischen Bedingungen des Theaters angepaßt, manchmal mit Schmerzen. Aber das ist nun so. Ein Theaterstück ist ja nichts Fertiges, auch wenn ich es mit jeder Geste, jedem Schritt, jedem Blick und jedem Schweigen zwischen den Dialogen schon gedacht habe. So viel kommt bei der Inszenierung hinzu und so viele arbeiten mit, bis ein Theaterabend zustande kommt. Der Autor, der für Theater schreibt, muß sich wehren, er unterliegt auch, und er leidet. Aber daß er sich immer wieder auseinandersetzen muß mit den Leuten des Theaters und daß er mit seinem Stück, mit dem Publikum, seinem Feind, unmittelbar konfrontiert ist, an diesem Abend, in diesen drei Stunden (mehr gibt man ihm nicht für diesen Kampf): das, meine ich, bewahrt davor, sich im Esoterischen zu verlieren oder in Zeitferne zu erstarren.

1978

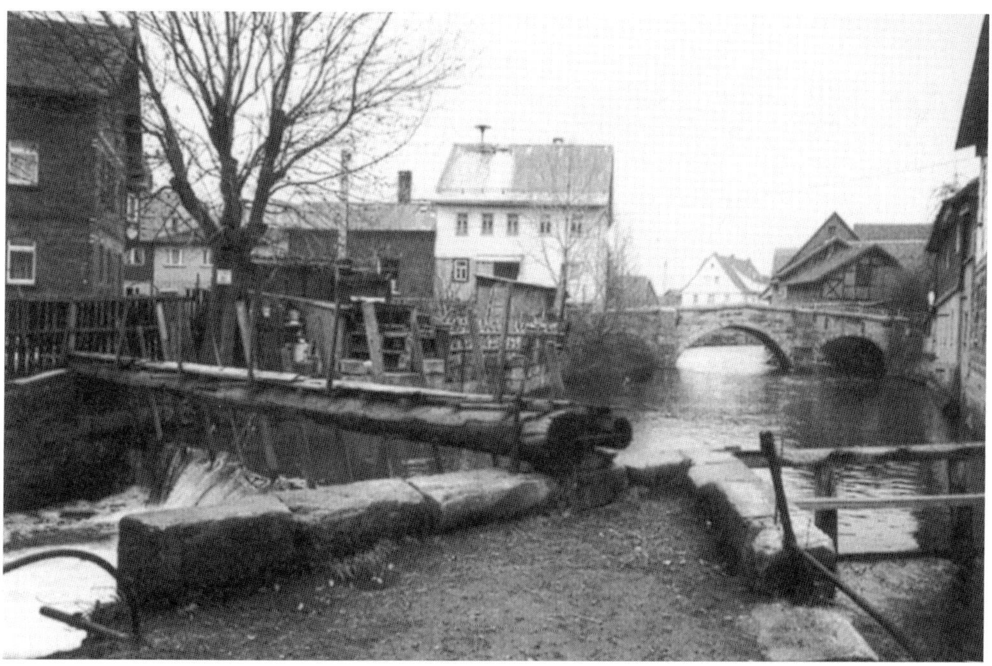

Oberlind

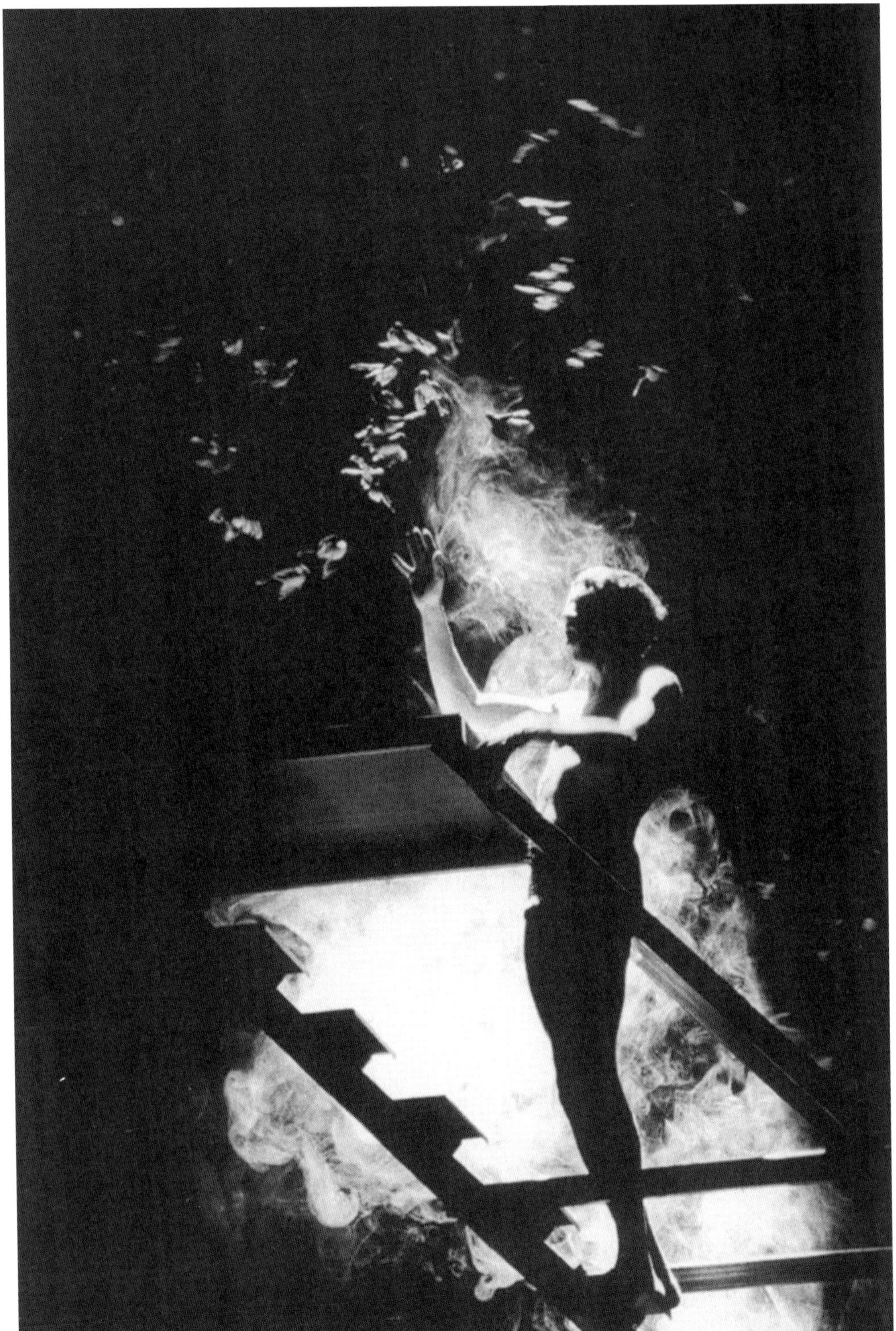

»Ich, Feuerbach«. Hamburg, Thalia theater 1987. Inszenierung des Autors.

»Die Angel möglichst weit auswerfen, möglichst weit weg von mir« Tankred Dorst im Gespräch mit Jens Groß

JG: Es sind schon viele Stücke von dir in Frankfurt gespielt worden. Es gab allein vier Uraufführungen...
TD: Vier? Weiß ich jetzt gar nicht.
JG: Es sind sogar fünf: »Die Mohrin« (1964), »Grindkopf« (1988), »Parzival. Ein Szenarium« (1990), »Othoon« (2002) und »Goncourt oder die Abschaffung des Todes« (1977).
TD: Ja, »Goncourt oder die Abschaffung des Todes«, das hat Peter Palitzsch inszeniert. Ein Auftragswerk zu 1870/71, der Krieg und die Belagerung von Paris. Das Stück habe ich mit Horst Laube, der damals Dramaturg in Frankfurt war, entwickelt. Mit Horst Laube war ich sehr oft zusammen und wir haben viele für mich wichtige Gespräche geführt, die nach Mitternacht meistens in einem Monolog von ihm über Strukturalismus endeten. Ja, er war ein unglaublich kluger und eben auch phantasievoller Mensch. Ich habe von ihm viel Kritik und produktive Energie angenommen. So ein Stück wie »Goncourt« entstand durch die gemeinsamen Gespräche, wurde durch Gespräche befördert und weitergetrieben. Und so haben wir das Stück mehr oder weniger zusammen geschrieben. Es ist die Geschichte der Brüder Goncourt, einer lebt, der andere, Jules, ist gestorben, aber noch immer da.
JG: Du arbeitest ja immer so, gemeinsam im Gespräch mit anderen.
TD: Nein, früher nicht.
JG: Fast alle Stücke sind doch mit deiner Frau Ursula Ehler gemeinsam entwickelt worden.
TD: Ja, seit »Eiszeit« ist Ursula bei den meisten Stücken beteiligt gewesen. Wir sind ein endloses Gespräch. Wir leben zusammen und reden über die Arbeit und die Ereignisse, die um uns herum geschehen, und die sind nicht anders als die Ereignisse in den Stücken. So entstehen Bilder, so entstehen die Dialoge – gesprochene Sprache. Das hat sich so entwickelt. Früher habe ich viele Jahre alles alleine gemacht und konnte mir gar nicht vorstellen, dass man so zusammenarbeiten kann. Die Realisierung später ist ja immer eine Zusammenarbeit. Zuerst muss aber natürlich das Stück da sein oder ein Entwurf oder eine Idee zu einem Stück, und das ist dann naturgemäß Sache des Autors. Dann gehen andere damit um und verändern es, machen möglicherweise ein ganz anderes Stück daraus, zum Leidwesen des Autors vielleicht, aber manchmal auch zum Glück, aber es ist in jedem Fall ein Zusammenwirken verschiedener Phantasien.
JG: Du hast inzwischen ca. 50 Stücke oder Texte für das Theater geschrieben...
TD: Ich denke eher etwa 40.
JG: Eine jedenfalls sehr große Anzahl, die auch fast alle auf der Bühne umgesetzt worden sind...
TD: Alle. Es gibt natürlich auch Entwürfe, Fragmente...
JG: Hat es an den Theatern immer geeignete Gesprächspartner gegeben?
TD: Na ja, nicht immer. Doch, ich hatte vor allem Glück mit guten Regisseuren, Regisseure, die dann auch gute Partner waren. Peter Zadek hat »Die Kurve«, mein erstes Stück, inszeniert und »Eiszeit« und »Große Schmährede« und »Kleiner Mann, was nun«. Wir haben uns auch ab und zu sehr gestritten. Man kann sagen, wir sind durch tiefe und heftige Auseinandersetzungen herzlich miteinander verbunden. Das Gute für mich war vor allem, dass er mich gezwungen hat, meine eigene Meinung zu sagen und nach Vermögen

durchzusetzen. Man konnte sich bei ihm nicht verstecken. Und das hat mir sehr gut getan. Peter Palitzsch war ganz anders, Palitzsch ist ein nachdenklicher, intellektueller, denkstarker und ruhiger Mensch, das war eine ganz andere Art von Zusammenarbeit, für mich ebenfalls sehr wichtig. Und manchmal sind es natürlich auch Dramaturgen, Laube eben. Oft habe ich mich jedoch eher mit den Regisseuren verstanden, Dieter Dorn, und jetzt auch mit einigen aus der jungen Generation.
JG: Wenn du vollkommen frei wählen könntest, wäre es dir lieber, du würdest ein Stück für dich alleine schreiben und es würde dann so umgesetzt, wie du es dir eben gedacht hast, oder ist dir eher die direkte, gemeinsame Arbeit am Material und Theater wichtig, wo man natürlich auch mit Kompromissen umgehen muss?
TD: Meine lange Geschichte mit dem Peter Zadek war so: Er wollte daneben sitzen und sagen, so musst du das machen, so musst du das schreiben. Das kann ich aber nicht. Auch bei »Merlin« – die erste Anregung kam ja von ihm, er war durch seine englische Schulbildung mit dem Stoff vertraut und ich war das gar nicht –, da wollte er auch mitschreiben und sagen, die Szene so und die Szene so. Da habe ich gesagt, du kannst machen daraus, was du willst, aber erst einmal muss ich es fertig schreiben.
JG: Du könntest dir nicht vorstellen, auf der Probe zu schreiben?
TD: Nein. Dort kann man korrigieren, aber für ein Stück muss ich mich schon eine Zeit lang zurückziehen und sozusagen das eigene Gebäude errichtet haben. Das kann man dann wieder einreißen oder verändern. Und auch bei »Merlin« haben Ursula und ich uns in Italien in eine Ecke gesetzt und es Peter erst gegeben, als es fertig war. Dann hat er es aber gar nicht gemacht, das Stück, weil er eine Halle nicht bekam, die er dafür wollte. Inzwischen hat »Merlin« ja viele Interpretationen erfahren, da natürlich die Bedingungen der Bühnen sehr verschieden sind und weil die Regisseure immer wieder ganz unterschiedlichste Interessen an dem Stück haben.
JG: Und weil es natürlich ein sehr, sehr großes Material, eine Art Steinbruch ist, das von vornherein kaum an einem Abend zu bewältigen ist. Zum ungestrichenen Spiel ist dieses Material doch wahrscheinlich gar nicht gedacht, oder?
TD: Doch, ich hoffe, dass das vielleicht jemand mal tut. Da wären noch mehrere Uraufführungen drin. Doch bisher war es tatsächlich eher so, dass Ursula und ich manchmal zu Produktionen fuhren, wo man begonnen hatte, das Stück im Ganzen zu machen und dann merkte, es ist so nicht zu schaffen, und wir mussten plötzlich helfen, eine Strichfassung zu machen. Das ist dann schon merkwürdig für einen Autor, wenn die Arbeit darin besteht, Kürzungen zu machen, keine leichte Arbeit. Es sind unheimlich viele Themen und Geschichten relativ kompliziert miteinander und ineinander verflochten.
JG: »Merlin« ist ja ein Beispiel dafür, was man »Offene Dramaturgie« nennt, ein Begriff, den man oft in Zusammenhang mit deinen Stücken hört. Ist das nicht eine bewusste Kalkulation von dir, das Theater auf eine bestimmte Weise herauszufordern, zu überfordern?
TD: Wir nehmen die Welt ja fragmentarisch wahr, unsere Wahrnehmungen ergeben keine geschlossenen Handlungen im Leben. Also, wir erfahren etwas oder sehen jemand, z.B. da steht ein grünes Auto mit offenen Türen. Zwei Leute sehe ich wegrennen. Eine Person kenne ich, die andere nicht. Rennt der eine hinter dem anderen her oder verfolgen sie jemand? Oder flüchten sie? Vor wem? Da liegt ein roter Ball. Ich lerne immer nur Fragmente aus Lebensabläufen kennen.
JG: Da gibt es zwei Möglichkeiten: Entweder du konstruierst, was alles geschehen könnte und schreibst dann eine möglichst einfache Begründung, warum es dazu kommt...
TD: Ja, das Well-Made-Play. Man kann natürlich alles motivieren, früher war das selbstverständlich, heute ist das nicht mehr so. Man muss nicht alles motivieren. Wenn alles moti-

viert ist, dann funktioniert eine Konstruktion vielleicht, aber es entsteht ein Verlust an Phantasie für den Zuschauer.

JG: Das heißt also, deine offene Dramaturgie fordert einen Mehrwert an Phantasie, ein Ganzes, das sich erst aus dem Spiel entfaltet?

TD: Die Phantasie des Zuschauers nicht zukleistern. Manchmal haben Regisseure gesagt, sie haben erst während der Proben gemerkt, was alles in dem Stück steckt, vorher ist ihnen das nicht aufgefallen. Es ist ja immer viel mehr da, als verbal ausgesprochen wird. Wenn ich dagegen O'Neill lese, den ich immer faszinierend gefunden habe, dann sehe ich, dass immer alles ausgesprochen ist, es gibt nichts Unausgesprochenes. Da müsste man eigentlich die Hälfte streichen, um der Geschichte, die da erzählt wird, ihr Geheimnis zurückzugeben.

JG: Wozu aber ist das Geheimnis nötig? Sehnen sich die Menschen nicht geradezu nach einfachen, nachvollziehbaren Geschichten?

TD: Ich weiß es nicht. Ich als Zuschauer ärgere mich eigentlich im Theater darüber, wenn der Autor via Schauspieler und via Regisseur mir immer vorschreibt, wie ich Personen zu finden habe. Einige meiner Figuren, z.B. Korbes, hat die Mächtigkeit und die Kraft zum großen Teil daher, dass gar nicht motiviert ist, warum er ein böser Mann ist. Früher hätte man erklärt, der ist nur so, weil er eine unglückliche Kindheit hatte, weil ihn der Vater verprügelt hatte, und so prügelt er eben weiter. Man hat immer nur in psychologischen oder soziologischen Kategorien gedacht, das ist alles weg. Nun ist so eine Person da, eine archaische Person, unerklärt.

JG: Man muss wahrscheinlich, wenn man so darüber redet, deutlich voneinander trennen: Deine Plots sind ja meistens ganz einfache Geschichten, wie du selber immer sagst, leicht nacherzählbar.

TD: Ich glaube, das habe ich Anfang der sechziger Jahre mal gesagt, inzwischen sehe ich das anders.

JG: Ich denke, deine Plots sind noch immer überschaubar. Kompliziert wird es ja erst, wenn man auf die Figuren schaut, bzw. – wie es viele wünschen – in die Figuren hineinsehen will. Dann merkt man schnell, dass da gewisse Muster anders verlaufen als gewöhnlich.

TD: Ja, es ist so eine Gewohnheit, am Anfang in einigen Sätzen festzuhalten, um was es in dieser Geschichte gehen soll, eine Art Plot, ohne Reflexion natürlich; ganz simpel, sachlich, und das ist für mich dann auch immer eine große Hilfe für die Ausarbeitung nachher. Wenn man das hat, kann man mit dem Stück sehr frei umgehen. Das Stück muss eine Handlung haben, eine Art Geschichte, das ist klar. Über das Stück »Eiszeit« hat ein Journalist in Australien geschrieben, als ich es dort beim Adelaide-Festival inszeniert habe, den Inhalt des Stückes kann man auf eine Briefmarke schreiben. Die Frage ist, was man Handlung nennt: eine politische Intrige, ein Vatermord, ein sexueller Exzess oder innere Vorgänge, ein Seelenzustand?

JG: Handlung ist insofern ein interessanter Begriff in Zusammenhang mit deinen Stücken, als dass er auf jeden Fall etwas mit Menschen zu tun hat, und Menschen stehen natürlich immer im Zentrum von deinen Texten.

TD: Ja, das Verhalten von Menschen, was sie wollen, was ihnen im Leben passiert.

JG: Psychologisches Theater also?

TD: Man kann da den Finger drauf legen oder nicht. Aber natürlich ist das Verhalten von Menschen untereinander auch immer psychologisch motiviert. Das führt natürlich schnell zum dramaturgischen Konzept der Enthüllung. Klar, aber ich kann mir halt viele und ganz andere dramaturgische Muster vorstellen. Man könnte sich ein altes, mittelal-

terliches Manuskript vorstellen, das verblasst ist, und da schreibt man einen neuen, ganz anderen Text drauf. So vermischen sich die Zeilen, das verblassende Manuskript mit dem Neugeschriebenen. Das wäre ja auch ein dramaturgisches Konzept, dass das Alte immer durchschimmert und in Schichten darüber das Neue sich aufbaut, eher zufällig und zumindest nicht logisch, ein Palimpsest.
JG: So etwas meinte vermutlich auch Heiner Müller, der immer wieder von Schichtungen gesprochen hat.
TD: Ja, aber man könnte sich auch Theater als Fest, als Feier des Lebens, als Ritual vorstellen. Wir sind ja leider so lange gewohnt gewesen, volkshochschulmäßig, die Aufklärung als das Wichtigste, auch beim Schreiben von Theaterstücken, anzusehen. Das hat sich ja von Ibsen bis über Brecht hinaus ganz gut erhalten.
JG: Für die Aufklärung ist die Psychologie ein ganz wesentliches Mittel.
TD: Ja, natürlich. Was mich immer geärgert hat: Früher gab es Kritiker, die alles einteilten, da gab es die Gattungsideologie: textlastiges Hörspiel, kein Theaterstück! Vorschriften, wann ein Stück ein Stück ist und wann nicht. Dieses normative Denken verlangte, natürlich aus dem bürgerlichen Fortschrittsdenken heraus, dass der Held der Geschichte eine Veränderung erfährt. Der hat am Anfang anders zu sein als am Ende. Ich denke aber immer, im Leben sehen wir doch täglich, der Mensch verändert sich überhaupt nicht.
JG: Zumindest relativ selten.
TD: Vielleicht maskiert er sich anders.
JG: Im Sinne der Aufklärung geht es ja um Besserung, um Läuterung, um die Vervollkommnung im weitesten Sinne. Würde das heißen, wenn Tankred Dorst so redet, dass er kein Aufklärer ist und eine Verbesserung in dem Sinne nicht will?
TD: Tja, da stellt sich wieder die Frage, was man denn unter Aufklärung versteht? Also die Aufklärung ist, gelinde gesagt, in einer Krise.
JG: Anders gefragt, was willst du erreichen mit deinen Stücken?
TD: Ich habe dafür keine Formel. Etwas beschäftigt mich, bedrängt, beängstigt mich. Ich finde mein Thema in einer Geschichte, die uns erzählt wird, oder im Rudiment von einer Geschichte, und ich entdecke darin etwas, was mich unmittelbar angeht. Ja, warum schreibt man? Seit ich schreiben kann, habe ich immer schreiben wollen, merkwürdigerweise immer Theaterstücke. Ich erfinde Figuren, bzw. ich finde Figuren, Ursula findet Figuren, es gibt sie ja, ich habe sie gesehen. Wir mischen sie, mehrere Figuren in eine, und lassen sie aufeinandertreffen, und so schafft man mit den Stücken die Schöpfung gewissermaßen noch einmal neu.
JG: Das ist ein Impetus, den z.B. die Romantik auch hat, dabei dann aber auch Utopien schafft, also politisch, durchaus auch aufklärerisch, sichtbare Zeichen formuliert.
TD: Ja sicher, die Aufklärung kann man vermutlich so wenig weglassen wie die Psychologie beim Schreiben. Das ist einfach immanent, wie Geschichte auch, die nicht hinter sich zurückfallen kann.
JG: Ich frage deswegen, weil ich persönlich deine Stücke eher unter einem barocken Stichwort, z.B. des Theatrum Mundi, sehe – du hast gerade vorhin selber das Stichwort gegeben »Theater als Fest« –, ein merkwürdig von oben gelenktes Spektakel, vielleicht für irgend jemanden, sei es Gott, seien es die Menschen.
TD: Ja. »There must be something behind God.«
JG: Menschen und Situationen, die etwas bewirken, auf der einen Seite, auf der anderen Seite aber nicht unter einer singulär gezielten Veränderungsperspektive, sondern unter der Perspektive des Theatrum Mundi. Darunter verstehe ich ein Spiegelverhältnis, das zwischen den Medien, in denen es spielt, wirkt – was einerseits ein Fest ist und aus Ritua-

len besteht, aus bestimmten Zeichen, die rituell sind, die den Vorgang des Sehens und Machens in Zusammenhang mit der Gestik der Freude und des Festes in Zusammenhang bringt und auf der anderen Seite auch noch die Möglichkeit hat, sich oder Menschen in Kontexten zu sehen. Da ist alles drin, sowohl ein vielleicht aufklärerischer Gestus, aber letzten Endes auch ein antiaufklärerischer Gestus, der in fraglosem Sein und Feiern kulminiert.

TD: Ja, durchaus. Theatrum Mundi, eine Art Welttheater, vor allem, wenn man nicht ein Stück ansieht, sondern alle Stücke zusammen als ein einziges, großes Stück begreift. Das ist dann so ein eigener Kosmos von Figuren, Geschichten und Verhaltensweisen, die zwar nicht unmittelbar zusammenhängen – es ist also nicht die gleiche Geschichte in Fortsetzungen, sondern das sind immer andere Aspekte der Geschichte –, aber es geht um ein paar wenige mir lebensnotwendige, wesentliche Dinge. Das fächert sich dann auf in 100 Figuren. Es gibt ja andere Autoren, große Autoren wie z.B. Beckett oder Ionesco, die kommen aus mit 4 Figuren oder 5. Ich hatte eher die Neugierde, das jeweils Spezifische einer immer wieder anderen Figur zu finden.

JG: Na ja, das hatte Beckett sicherlich auch vor. Insgesamt ist das bei ihm vielleicht ein singulärerer Prozess. Bei dir kommt vielleicht noch etwas dazu: Beckett hatte Isolation und Vereinsamung zum Thema, setzte ein Nichtmehrfunktionieren von Gesellschaftlichkeit voraus, und ich habe den Eindruck, dass genau dieses Thema bei dir ins Gegenteil umschlägt. Bei dir gibt es Hoffnung auf ein großes dialogisches, gesellschaftliches Zusammen. Man kann das ja schon alleine an deiner Arbeitsweise, der Zusammenarbeit mit deiner Frau oder Regisseuren festmachen. Das Gemeinsame, die Auseinandersetzung, die Kommunikation auch mit den Zuschauern werden von vorneherein mit in die Überlegungen und das Gespräch einbezogen. Es ist also eine ganz andere gesellschaftliche, künstlerische Haltung hinter deinem Schreiben.

TD: Ja, ich bin nicht der einsame Prophet.

JG: Vielleicht ein Grund, warum du hauptsächlich Theaterstücke schreibst?

TD: Ich habe immer gedacht, Einer, das ist nicht Theater, es muss der Andere da sein. Die Erfindung des zweiten Schauspielers im Dionysos-Theater in Athen war ja der Beginn unseres Theaters. Der Einzelne, der Eine ist es nicht. Aber vielleicht ist ja in dem Einen der Andere schon drin und will heraus.

JG: Theater ist für dich also die Begegnung mit dem Anderen in welcher Form auch immer?

TD: Und der Andere ist das Entscheidende. Der Mensch braucht die Gesellschaft, glaube ich, wie das Theater auch.

JG: Das ist vielleicht eine wesentliche Aussage über deine Arbeit, du glaubst an die Notwendigkeit und vor allem Möglichkeit von Gesellschaftlichkeit, und du bietest in deren Zentrum – am Theater – eine Form von offener Dramaturgie an, wo dann immer schon die Ahnungen, Erfindungen und Phantasien von anderen mit notwendig sind? Seien es die Schauspieler oder die Regisseursphantasie.

TD: Ja, eine andere Phantasie muss sich damit beschäftigen.

JG: Empfindest du dich als politischer Autor?

TD: Ich denke, das ist politisch, wenn man Gesellschaft beschreibt.

JG: Du hast einige Stücke zu spezifisch politischen Figuren geschrieben, sei es Toller, sei es Hamsun in »Eiszeit« oder D'Annunzio im »Verbotenen Garten«, du hast dich dort mit zumindest extremen, politischen Haltungen beschäftigt.

TD: Ja, mit Außenseitern, mit außenseiterischen Themen und Leuten.

JG: Mit sehr gegensätzlichen, politischen Haltungen, wofür du ja auch zum Teil sehr ange-

griffen wurdest.
TD: Ja, schon bei dem Toller-Stück, das 1968 herauskam, gab es große Erregung, weil die Zeitereignisse unerwartet mitgespielt haben. Wohl deshalb wurde gesagt, das handelt von Politik, aber es ist kein politisches Stück. Unter politischen Stücken verstand man damals Agitprop oder so, historische Überredungskünste für die Bühne. Aber »Toller« ist kein agitatorisches Stück, und das liegt mir auch gar nicht.
JG: Es wäre natürlich möglich, mit dem Stoff ein politisch agitatorisches Stück zu schreiben, das hast du nicht getan, genauso wenig, wie du einen D'Annunzio verherrlichst. Als Schreiber wird man natürlich auch oft in eine Rolle gedrängt, das politische Gewissen der Nation zu sein, wenn man ein bisschen Aufmerksamkeit hat. Unterliegt man da nicht manchmal der Versuchung, seine private politische Hoffnung/Meinung in so Figuren hineinzustülpen?
TD: Na ja, es liegt mir sehr fern, mich mit einem Charakter wie D´Annunzio zu identifizieren. Aber ich mag es ohnehin nicht, wenn der Autor sich selbst als Idealfigur in sein Stück einfügt. Ich halte das für unzulässig und auch für verlogen.
JG: Nun gut, so jemand wie Brecht hat es ja durchaus geschafft, Figuren, zum Teil auch historische Figuren zu nehmen und damit eine ganz klare politische Aussage zu treffen, die sicherlich mit seiner privaten politischen Meinung in Einklang stand.
TD: Vermutlich.
JG: Das hat dich aber nie interessiert, oder?
TD: Nein, nein, aber zu Brecht: Er hatte doch meistens gute Fabeln. Aber das System ist mir zu einfach, alles klar getrennt, der Mensch ist gut, die gesellschaftlichen Verhältnisse sind schlecht. Letzten Endes ist mir das zu ausgedacht, eigentlich lebensfern. Die Lehre, die immer mitenthalten ist, die hat mich nie überzeugt. Mein Impuls beim Schreiben ist ohnehin nicht, belehren zu wollen, das liegt mir fern.
JG: Dich interessiert eher das Schaffen?
TD: Ja.
JG: Es ist ja auffallend, dass gerade die scheinbar politischen Geschichten wie »Toller«, »Eiszeit«, »Der verbotene Garten« eigentlich Künstlerdramen sind.
TD: Also, mit Toller habe ich mich damals bis zu einem gewissen Punkt durchaus identifizieren können, aber eben auch, um ihn kritisieren zu können, wie ich mich ja auch kritisiere. Ich wollte damit keine Idealfigur schaffen, um mich darin zu spiegeln. Ernst Toller ist in dem Stück eine Art Schauspieler, der eine starke Situation braucht, um zu sich selbst zu kommen, das war eigentlich das Faszinierende für mich, nicht ob und wie die Münchner Räterepublik funktioniert oder nicht.
JG: Wenn du gerade vorhin gesagt hattest, meistens verändert sich der Mensch doch gar nicht im normalen Leben, und ich sehe diese sich um Veränderung kämpfenden Künstlerfiguren, dann frage ich mich, ob Tankred Dorst sich nicht doch nach einer Veränderung sehnt?
TD: Ja, eine Veränderung dahingehend, dass der Mensch seine Phantasie mehr beschäftigt, aber die angesprochenen Figuren sind ja exemplarische Charaktere in einer besonderen historischen Situation. Das sollte die Zuschauer beschäftigen.
JG: Machst du dir konkrete Gedanken über die Zuschauer beim Schreiben?
TD: Ja schon, aber nicht als Zielgruppe, so denke ich nicht. Aber jede Dramaturgie ist natürlich auch für den Zuschauer gemacht, man erzählt die Geschichte mit der Hoffnung, dass sie ankommt, dass sie die Köpfe bewegt und auch das Gefühl. Das kann man dann komplizierter, konventionell oder experimentell machen, aber immer handelt es sich um eine Beziehung des Stückes oder des Autors zu einem Publikum, das man auf den Sitzen

halten will im Theater, es soll nicht weglaufen. Ich bin ja auch der Zuschauer und möchte gebannt sein.

JG: Ganz einfach machst du das dem Zuschauer nicht. Da steht plötzlich Prosa neben Dialogen, unlogische Sprünge und Brüche, angerissene Fetzen und Zitate aus wissenschaftlichen Büchern ..., da werden also ganz verschiedene Mittel angewendet. Ist das Bedürfnis der Zuschauer nicht ein anderes: nämlich, dass sie im Theater eben das sehen wollen, was sie im wirklichen Leben nicht erleben können: die Einheit, das Logische, das Schöne, das Einfache, also das, was sie vermissen? Das bedienst du ganz wenig.

TD: Dann müsste ich selber die Welt logisch, schön und einfach sehen, das ist mir bisher nicht gelungen!

JG: Es gab ja einige sehr erfolgreiche Stücke, was treibt dich an, immer wieder neue Stücke und die wieder ganz anders zu schreiben?

TD: Ich will doch nicht einfach etwas wiederholen, was es schon gibt, auch nicht, was man selber schon geschrieben hat. Wenn einem etwas gelungen ist, denkt man einen Moment, jetzt weiß ich, wie es geht, jetzt könnte ich ein paar Stücke nach dem selben Muster schreiben. Dann fängt aber eine neue Arbeit an und dann denke ich, nein, diesmal geht das so nicht, dieser Stoff braucht eine andere Form. Und auf diese Weise bin ich im Verlauf der Jahre auf viele verschiedene Arten von Dramaturgien gekommen und nicht theoretisch, sondern weil ich plötzlich wusste, diese Geschichte will oder muss ich so oder so erzählen. Ich glaube, dass sich die Form aus dem ergeben muss, was ich erzählen will. Man kann nicht eine Form von einem auf den anderen Gegenstand übertragen, das wird ganz schnell leere Routine.

JG: Hast du dich im Lauf der Jahre überhaupt mit den gerade aktuellen Theorien beschäftigt, z.B. Postmoderne oder ähnliches?

TD: Das sind ja, wie du sagst, Theorien, die abgeleitet werden aus schon vorhandenen Stücken oder Kunstwerken, aus Ansätzen, die schon da sind. Theorien sind zumeist ja nicht neue Forderungen, vielmehr Erläuterungen oder ein bestimmter Aspekt, um das Vorhandene besser zu verstehen. Neue Theorien helfen höchstens, dass man noch mehr Zutrauen gewinnt, mit dem Vorhandenen freier umzugehen, das finde ich sehr positiv.

Der Grund zu schreiben, etwas zu machen, zu spielen ist doch – wie für die Theorie auch – eine Unruhe. Eine Unruhe darüber, wie verloren man in der Welt ist. Das fängt schon in der Kindheit an. Als meine Mutter gestorben ist, hat sich ein alter Brief im Haus meiner Kindheit gefunden. Ich war vielleicht acht, da hatten wir einen Dackel und ein Meerschweinchen. Beide liebte ich sehr. Eines Tages hat der Dackel das Meerschweinchen tot gebissen. Ich war völlig verzweifelt und wollte den Hund verprügeln, aber mein Bruder hat mich mit Gewalt davon abgehalten, hat mich eingesperrt. Da habe ich in großer Verbitterung den Brief an meine Mutter geschrieben. Und so kurios diese Geschichte ist, sie birgt ja einen großen dramatischen Konflikt in sich: Schuld und Nichtschuld. Der Hund kann ja nichts für seine Natur, ich aber habe moralische Kategorien, will ihn bestrafen und werde dafür bestraft. Wenn ich für Dackel und Meerschweinchen Menschen einsetze – was für eine Tragödie!

JG: Du hast dich in deiner Not an deine Mutter gewandt. Heißt das, dass Schreiben zumindest zu einem großen Teil auch Therapie ist? Kann man damit kurzfristig Frieden finden?

TD: Ja, ja, zwar habe ich mich zumeist mit Menschen und Verhältnissen außerhalb von mir beschäftigt, aber das hat mich gestärkt. Wenn ich einmal nichts schreibe, schreiben kann, wenn sich dann eine, sagen wir mal, Leere breit macht, dann fühle ich mich grundsätzlich unwohl, nicht nur, weil man etwas Neues arbeiten will, nicht, weil man vor einer Arbeit immer unruhig ist, nein, man fühlt sich so alleingelassen von den metaphysischen

Mächten dieser Welt. Das ist jetzt etwas hochgegriffen, aber solange ich an diesen Figuren herumschreibe und herumdenke, bin ich mit ihnen doch eine große Zeit lang zusammen und dann sind sie plötzlich weg und jemand anders beschäftigt sich vielleicht mit ihnen, aber sie haben plötzlich nichts mehr mit mir zu tun.
JG: Das würde natürlich ein wenig begründen, warum nicht so wahnsinnig viel autobiografisches Material, zumindest nicht so offensichtlich, in dein Schreiben einfließt. Andere Autoren schöpfen ja komplett aus ihrer eigenen Biografie, das ist bei dir zumindest nicht vordergründig.
TD: Indirekt wahrscheinlich immer. Ich hatte ja früher ein Credo: Es gehört zum Anstand eines Dramatikers, dass er von sich absieht. Ich kann Gefühlsduselei und Wehleidigkeit nicht leiden. Wenn man Stücke schreibt, dann schafft man einen Raum für Personen, nicht für sich selbst. Dass diese Personen in gewisser Weise auch Abspaltungen von mir sind – keine Frage.
JG: Also die Lust, sich in anderen zu sehen?
TD: Aber auch die Erkenntnis, dass man der gute Mensch nicht ist, der man immer sein möchte, das gehört sicher stark dazu. Ich habe immer gesagt, ich muss die Angel möglichst weit auswerfen, möglichst weit weg von mir. Es ist gut für jemanden, der Stücke schreibt, die Figuren wegzuhalten von sich, sie nicht mit Gefühlen und Emotionen zu behängen, die man selber hat. Die schleichen sich ohnehin ein. Vielleicht kann man sagen, ich sei altmodisch geworden, weil ich in Personen denke, das ist aber Zeitgeist, das ist wieder etwas anderes. Aber das Verhältnis des Autors zum dem, was er macht, ist eigentlich nicht vom Zeitgeist bestimmt, auch nicht von Aktualität. Ich denke aktuell, Zeitgeist ist ganz einfach nicht mein Talent. Ich schreibe dazu zu langsam. Immer wieder habe ich Sachen, die ich machen möchte, angefangen, wieder liegengelassen, weitergeschrieben, wieder liegengelassen. Die Anfänge reichen oft weit zurück. Sie können also gar keine Tagesaktualität haben. Man wurde oft gefragt, willst du kein Stück über den Mauerfall schreiben oder: Schreiben Sie jetzt anders, nach dem 11. September? Das waren aufregende Erlebnisse, natürlich, wir alle waren einen Augenblick Zeugen der Weltgeschichte, aber anders schreiben, das leuchtet mir nicht ein, denn ich bin doch sehr gefangen in dem Kosmos der angefangenen und angedachten Sachen, mit denen muss ich umgehen.
JG: Wenn du so erzählst, dass man das eigene Ich beim Schreiben so wegzuhalten versucht, dann ist es doch überraschend, dass man aus deinem Werk durchaus Figuren herauslesen kann, die sich nach und nach immer stärker in den Vordergrund gedrängt haben. Sie haben verschiedene Namen und sind doch vielleicht eine Figur, die immer mehr mit dem Bösen zu tun hat. Das Böse wird immer zentrales Thema in deinen Stücken sein. Als Beispiel möchte ich »Parzival« anführen. Ich behaupte jetzt mal, dass Parzival eine ganz wesentliche Figur für dich ist, möglicherweise ein ganz großer Identifikationsgrad für dich besteht. Parzival ist der Gralssucher, der Fühllose, der Unbedachte, Grausame, aber auch eine Art Hoffnungsträger, ein Täter, der irgendwie aus der Wildnis kam, der Wilde, der Kaspar Hauser, der nichts von der Zivilisation weiß und plötzlich anfangen muss, zu lernen, der in diesem Konflikt gar nicht richtig reagieren kann, der der Zivilisation begegnet. Er wird also zu einer Figur, wo du alle deine Themen drum herum gruppieren kannst. Parzival verkörpert das Böse, er hinterlässt verbrannte Erde und ist trotzdem eine Figur des Aufbruchs, der Möglichkeit. Das, finde ich, ist der Kipppunkt, eine Figur, wo man das beschreiben kann, wie du arbeitest, wie du dich vielleicht selber siehst. Für mich ist dabei interessant, dass du erst einmal den »Merlin« geschrieben hast und erst später dann die dort vorkommende Figur des Parzivals weiter ausgeschrieben hast. Diese Figur wird dann wieder in anderen Stücken wie »Othoon« immer wieder variiert.

TD: Ja, ich dachte, die Geschichte Parzivals ist trotz »Merlin« noch gar nicht geschrieben. Das Fremde und Archaische daran ist natürlich faszinierend, die Wucht, die Gewalttätigkeit. Und natürlich hat man irgend etwas davon auch selbst, sonst könnte man das überhaupt nicht schreiben. Zumindest gibt es die Furcht, dass man selber auch so ist, ähnlich ist die Faszination bei D'Annunzio oder Hamsun. Ich weiß auch nicht, ob das nicht einer der stärksten Impulse für das Theater ist, das Fremde und das Eigene, dass man im Fremden auch das Eigene entdeckt und im Eigenen das Fremde.
JG: »Parzival«, interessant ist daran diese Kaspar-Hauser-Figur. Der einsame Wilde. Das ist ein Motiv in vielen deiner Stücke, auch wenn es oft gar nicht auf den ersten Blick so aussieht. Der naive Blick auf die Welt und das damit verbundene Motiv des Nichtverstehens oder Nichtverstandenwerdens. Ist das auch eine Angst des Autors Tankred Dorst, die Angst nicht verstanden zu werden, des Nichtverstehens?
TD: Das ist vielleicht ein pubertärer Rest. Als ich so 15 oder 16 Jahre alt war in meinem thüringischen Dorf, im Krieg, da fühlte ich mich natürlich unverstanden. Ich ging im Regen herum und niemand in der Welt verstand mich, und ich war vollkommen allein. Das sind diese pubertären Gefühle. Warum sollten sie mich auch verstehen, die Leute hatten andere Probleme als meine. Aber es ist schon richtig, der Mensch möchte überhaupt verstanden werden, er möchte von seiner Umgebung verstanden werden, im weiteren Sinne auch von der Natur verstanden – aufgehoben sein in der Natur. Man möchte den Zustand von Unschuld wieder herstellen, aus der man gefallen ist.
JG: Aber werden denn diese Figuren wie Othoon oder Parzival wirklich verstanden? Wo sind diese Figuren denn natürlicher, wo glücklicher? Als sie noch Wilde waren oder nachdem sie die Regeln der Zivilisation gelernt haben?
TD: Du meinst, glücklicher, wenn sie angepasst oder nicht angepasst sind?
JG: Die naive Selbstzufriedenheit geht dort verloren, wo diese Figuren nicht mehr alleine sind und kommunizieren lernen. Sie sind zwar nicht mehr alleine, aber vielleicht auch nicht wirklich glücklicher.
TD: Die Aufklärung macht ja auch nicht glücklicher.
JG: Na ja, manche Menschen hat sie ja vielleicht doch glücklicher gemacht.
TD: Ich denke, das ist so wie mit der Kindheit. Man weiß am Anfang nichts, und es ist schrecklich, natürlich auch schön, aber eben auch schrecklich. Und da muss man heraus, man muss sich da rausarbeiten, auch aus den Ängsten der Pubertät, dort ängstigt man sich ja ungeheuerlich. Die Menschen im Mittelalter haben sich ja auch geängstigt vor Teufelszauber, vor allem Unbegreiflichen. Die Aufklärung will die Ängste vor dem Irrationalen beseitigen. Insofern ist sie natürlich hilfreich, aber das macht noch nicht glücklich.
JG: Steht eine Figur wie Parzival für so etwas wie Kritik an dem oder den Systemen?
TD: Das kann man so sehen vielleicht.
JG: Aber es ist keine zivilisationskritische, fortschrittskritische Haltung, oder?
TD: Hm. Was ist Zivilisation, Fortschritt? Das kommt darauf an, was man darunter versteht.
JG: Du misstraust auf jeden Fall Systemen, die einen bestimmten Fortschrittsglauben haben?
TD: Ja.
JG: Parzival steht in einer merkwürdigen Ambivalenz, einerseits eine moderne Figur zu sein, die für einen gewissen Aufbruch oder Umschwung steht, also auch für Zukunft und Optimismus, auf der anderen Seite steht sie aber gleichzeitig für eine ideologiekritische, antiaufklärerische und damit auch zukunftskritische Haltung.
TD: Welche Ideologie und warum zukunftskritisch?

JG: Das ist, glaube ich, ein aufklärerisches Prinzip, Systeme zu schaffen, die auf Zukunft ausgerichtet sind. Das ist vermutlich der Reflex aus der Theologie. Der ganze Paradiesglaube verweist doch immer schon auf Zukunft, anders gesagt, die frühaufklärerische Theologie wies den Weg zur Vervollkommnung des Menschen. Es war das Ziel des Menschen, gottgleich zu werden. Der ganze Optimismus der westlichen Welt ist doch aufgebaut auf Zukunft, auf das bessere Leben danach.

TD: »Komm, süßer Tod...« Das Tor zur besseren Welt ist, christlich gesehen, der Tod, marxistisch gesehen, die Revolution. Beide Paradiese sind mangelhaft.

JG: In deinen Stücken gibt es ständig ein merkwürdiges Verhältnis dazu. Hat denn Othoon z.B. eine Zukunft oder nicht?

TD: Na ja, der kommt in ein Narrenhaus.

JG: Man könnte ja behaupten, das ist vielleicht sein Glück.

TD: Ja, vielleicht ist es sein Glück. Das wäre ein Thema für ein neues Drama.

JG: Ich versuche rauszukriegen, ob es eine bestimmte Philosophie gibt bei Tankred Dorst?

TD: Ich bin ein schlechter Philosoph. Ich wühle sozusagen im Lebensschmutz, um etwas hervorzubringen, aber ein geschlossenes Weltbild habe ich nicht dafür. Das zu gewinnen ist mir in meinem doch ziemlich langen Leben bisher nicht gelungen.

JG: Fragen wir anders, glaubst du denn, dass die Menschheit in absehbarer Zeit noch existiert?

TD: Das ist eine Frage, die nach »Merlin« oft gestellt worden ist. Ich weiß es nicht. Das Potenzial, diese Welt in die Luft zu jagen, ist ja längst vorhanden, die Absicht auch. Ich weiß es nicht. Was wäre das Mittel, es zu verhindern? Die Vernunft, oder was?

JG: Vielleicht das Spiel?

TD: Wenn man diese Bombe zündet, ist das vielleicht auch ein Spiel?

JG: Ja, das würdest du als Dramatiker doch möglicherweise sogar machen.

TD: Dramatiker sind ja noch keine direkten Täter.

JG: Aber sie spielen solche Dinge, solche Szenarien durch.

TD: Sie spielen das durch, ja, ich denke, es bleibt doch gar nichts übrig, als sich auf den Weltuntergang vorzubreiten. Ach so, es gibt ja den Entwurf über Aretino, fällt mir ein, wo so ein Gedanke durchgespielt wird. Man ist nach dem Weltuntergang noch da, aber nichts ist anders, also, die Welt ist nicht untergegangen, also, man muss irgendwie weiterleben, das ist die Strafe. Man denkt doch: das Beste der Menschheit, vielleicht die Werke von Shakespeare oder Mozart, das kann doch nicht einfach verschwinden, das kann man doch nicht so einfach in die Luft blasen, das ist natürlich naiv gedacht, aber...

JG: Kann es sein, dass Tankred Dorst auch so etwas wie ein Harlekin oder Pierrot ist? In der Form, dass er wenig über sich sagen will, dass er auf der einen Seite den Menschen viel Freude macht, an das Gute glaubt, auf der anderen Seite aber auch ein Schelm ist, der alles in Frage stellt und dabei fast immer auch eine Träne auf der Wange hat?

TD: Ich will wie Heinrich Heine in »Harrys Kopf« antworten: »Ich habe Tages- und Nachtgedanken, die bekriegen einander.«

JG: Das ist eine sehr schöne Metapher, sie öffnet einen weiten, geheimnisvollen Raum. Gleichzeitig sind Metaphern aber auch eine Art von Verstecken. Was bedeuten Metaphern für dein Schreiben?

TD: Der Dichter D'Annunzio hat in seinem »Verbotenen Garten« ein eigenes Metaphernfeld angelegt, damit der Tod nicht reinkommt. Das ist so eine Art Totentanz.

JG: Eine deiner gelungensten Metaphern ist »Ich, Feuerbach«.

TD: Ach so, ja natürlich, das ist ja selber eine Metapher über Kunst und Leben in der Kunst, da ist niemand mehr da zum dialogisieren. Die Frage nach dem »Warum steh ich

da?, warum mach ich das?« Und das Wunder kommt aus der Unvollkommenheit oder aus der Verrücktheit.
JG: Ist es nicht so, dass »Parzival« die Metapher aller deiner Themen ist, und »Feuerbach« die Metapher deines Tuns? Gerade im 2. Beispiel steht das Biografische und die Suche des Künstlers im Vordergrund, wo natürlich dann doch eine philosophische, weil metaphysische Ebene ins Blickfeld gerät, das Feld des Anderen, des Nichtvorhandenen, des möglicherweise doch Vorhandenen, und dieser eine Auftritt, der vermutlich sinnlos und vergebens ist, aber für den Moment dann doch gelingt und so etwas wie sinnstiftend ist, weil er das Ich und den Anderen für einen Augenblick in Einklang bringt, also der Orgasmus.
TD: Ich habe den »Feuerbach« selber drei mal inszeniert und habe immer noch was Neues dabei entdeckt. Ja, du hast recht, Parzival und Feuerbach, das sind die zwei Figuren, die mir sehr wichtig sind, die mir nahe sind. Vielleicht noch den Herrn Paul dazu. An diesen drei Figuren kann man vermutlich meine Welt erkennen.
JG: Danke für dieses Gespräch.

Ambach 1.9.02

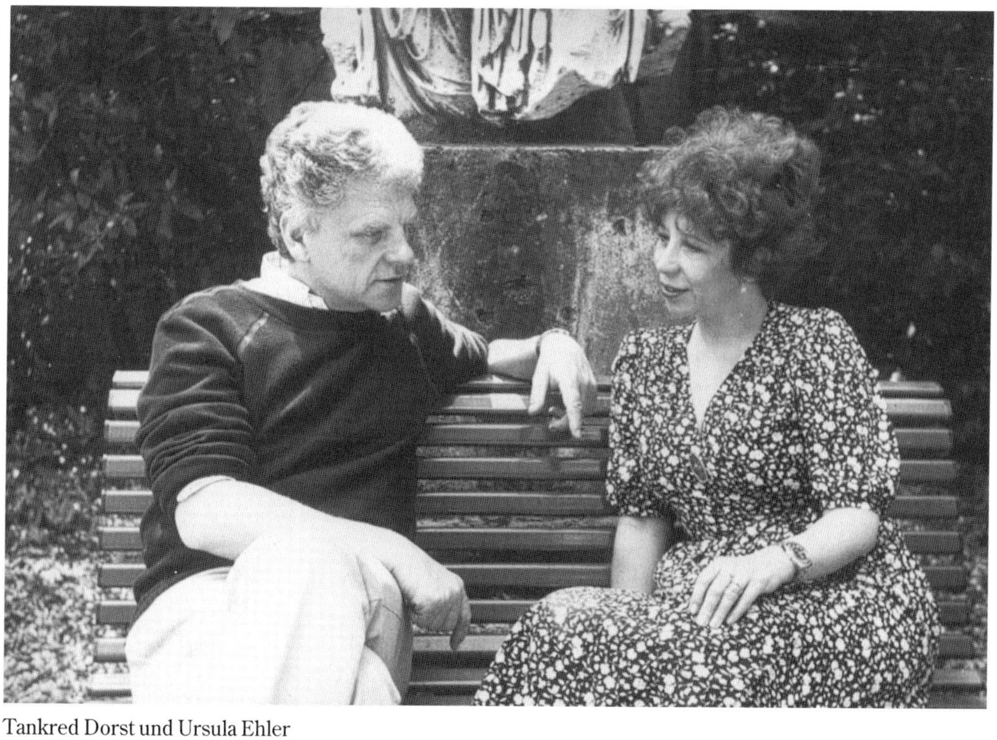

Tankred Dorst und Ursula Ehler

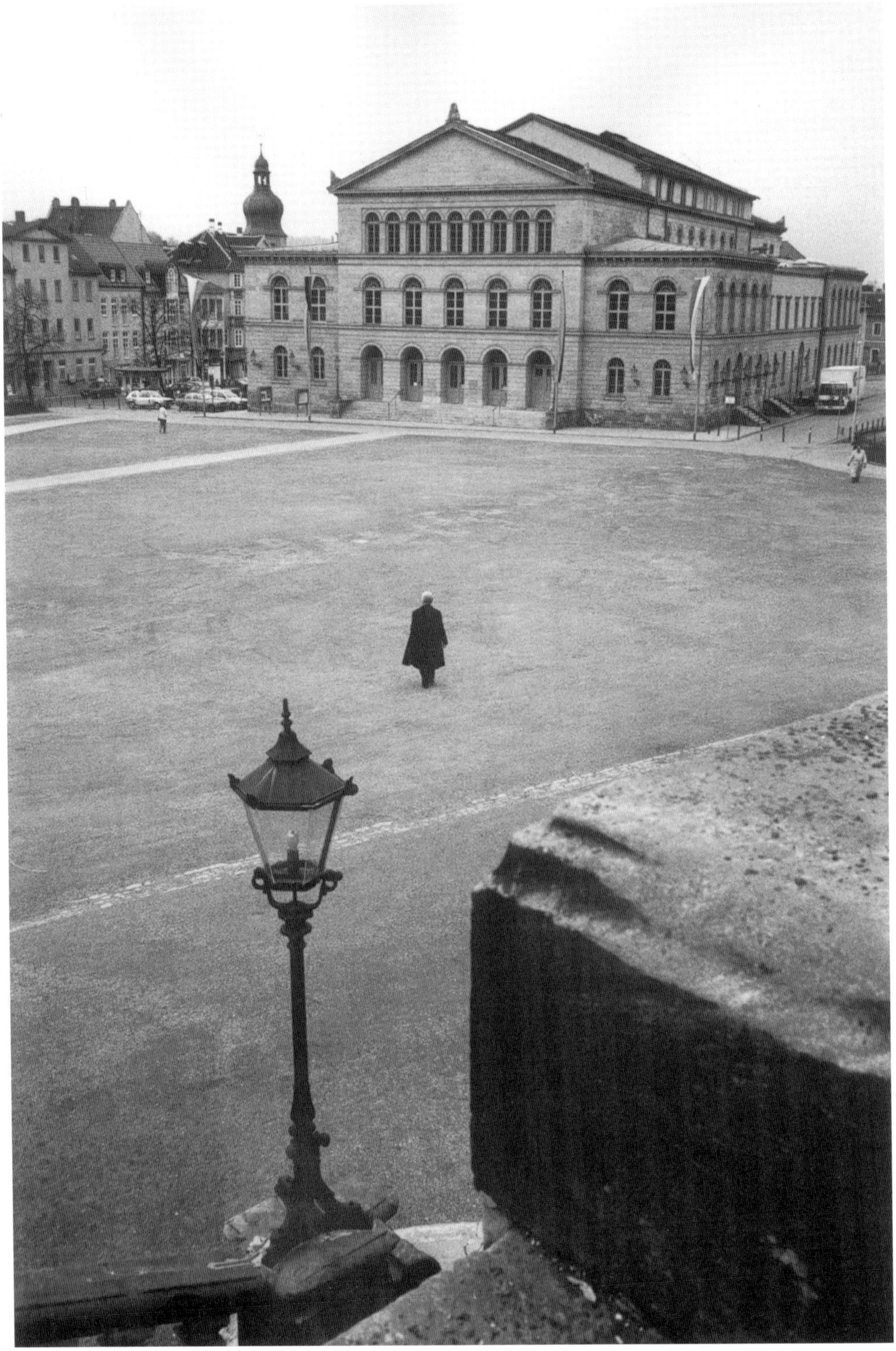

Vor dem Theater in Coburg.

Tankred Dorst
Dialog
Etwas über das Schreiben von Theaterstücken

Ich möchte etwas sagen über die Probleme, die ich beim Schreiben von Theaterstücken habe, und ich möchte auch etwas sagen über einige meiner Stücke. – Gewohnt, Dialoge zu schreiben, skeptisch bei der Betrachtung meiner Person und meiner Arbeit, unsicher, welche Bedeutung, welche Qualität ich den Teil-Stücken zubilligen kann, denke ich mir eine Person, die ich noch nicht kenne: einen Fragesteller.
Und ich denke mir, diese Person wäre naiv genug, diese Fragen an mich zu stellen:
1. Warum schreiben Sie Theaterstücke?
Da die Frage, jetzt gestellt, um das Gespräch in Fluß zu bringen, beantwortet werden muß, antworte ich: Aus Eigensinn. Aus Rechthaberei. So jedenfalls habe ich angefangen. Ich erinnere mich, wie ich als Zwölfjähriger im Theater saß, in unserem Provinztheater in Coburg und dachte: Die Dame da verläßt das Boudoir, warum verläßt sie es jetzt? Warum kehrt sie nicht zurück auf die Bühne, sie könnte doch etwas vergessen haben, oder sie könnte umkehren, weil sie dem Herrn, den sie trostlos verlassen hat, noch eine Mitteilung machen möchte, die sein Leben – sein Leben auf dem Theater – unversehens ändern würde? Und der dickliche Freund, warum rennt er so hastig über die Treppe, nur um draußen, wo ich ihn nicht mehr sehe, jemandem etwas zuzurufen? Könnte er nicht stolpern und liegenbleiben mit gebrochenem Bein, bis zufällig der alte Mann, der Großinquisitor, vorüberginge oder, besser noch, eine junge schöne Dame, von der wir bisher noch gar nichts wußten, die ihm sagt, daß sie ihn schon immer geliebt hat? Die Handlung auf der Bühne und das Leben der Schauspieler lief nach einem unerforschlichen Ritual ab, nach einem offenbar genau festgelegten Plan. Die Schauspieler hatten ihn sich eingeprägt: sie gehorchten dem alten Dichter, der schon zweihundert Jahre tot war.
Ich erinnere mich, daß ich im Dunkeln saß, schwitzend vor Aufregung, und mir, während das Drama ablief, ausdachte, wie die Handlung anders weitergehen könnte, wie sie dem Zwang entgehen, sich öffnen könnte für mich, für meine Vorstellungen. Nicht komischer sollte sie sein (alles Komische verachtete ich), aber extremer, phantastischer, gefühlvoller – meinem Herzen näher. So fing ich damals an, meine eigenen kindischen Stücke zu schreiben für mein Theater im Kopf: nicht aus Bewunderung, sondern aus Rechthaberei und Eigensinn.

Dezember 1983

Ist es ein Film? Ist es Theater?

Eine Zeitlang, Anfang der siebziger Jahre, schien mir das Theater altmodisch zu sein, der Film, dachte ich, entspräche unserem Gefühl für Zeitabläufe, unserer Art von Aufmerksamkeit, die wir Ereignissen schenken, viel besser: Ein kurzer Zwischenschnitt, ein Blick in Nahaufnahme, ein Gegenstand erzählt da eine ganze Szene, führt die Handlung zu ihrem wichtigen Punkt, in Verwirrung oder Aufklärung. Die Arrangements auf der Bühne in alten und neuen Stücken hingegen erschienen mir umständlich und darum langweilig zu sein, wir, die Zuschauer, sind ja im Leben schnell wechselnde Bilder, schnelle Information, Überraschungen gewöhnt. Der Schauspieler auf der Bühne muß einen langen Weg zum Publikum machen, ehe er zu Wort kommt, und zudem: Ist denn das gesprochene Wort überhaupt so wichtig, wie es auf der Bühne genommen wird? So viel mehr als im Leben wird auf der Bühne geredet; durch Reden, Dialog und Monolog stellen sich die Personen erst her. Es gibt aber im Leben das stumme Drama: das schweigende, stumm-verbissene Sichverlieren; es gibt die Angst vor der großen Auseinandersetzung, vor der »Szene«, es gibt die gemurmelte unhörbare Verzweiflung, wenn der Mensch keine Hoffnung mehr haben kann, daß ein anderer Interesse an seiner Verzweiflung findet. Das Eigentliche, das, was für uns Leben, Angst und Lust des Lebens ausmacht, schien mir auf der Bühne mit den uralten Mitteln nicht mehr darstellbar.
So dachte ich in den siebziger Jahren, hätte gern, anstatt weiter Stücke zu schreiben, Filme gemacht; freilich ohne wirklich eine Möglichkeit zu sehen, mir die Mittel dafür zu beschaffen. Zwar gab es damals noch, anders als heute, das Fernsehen. Damals wollte man noch, ohne gleich an die Einschaltquote zu denken, also nach »Erfolg« und Geschäft zu sehen und das Projekt nach bewährten Regeln hinzubiegen und zu stutzen, wissen, was aus dem Kopf und dem Herzen des Autors kam. Die Meisterwerke von Fechner, Monk, Zadek, Kortner, um nur einige zu nennen, die den Ruhm des deutschen Fernsehens ausmachten, waren gemessen an Spiel- und Spaßsendungen Flops. Filme durfte ich machen, drei habe ich gemacht; ja, mir schwebte eine Reihe von Filmen vor, acht oder zehn oder noch mehr sollten es werden, weil ich merkte, daß mit zwei oder drei Filmen das, was ich ausdrücken, erzählen wollte, sich nicht erzählen ließ. Erst wenn es wenigstens sechs Filme sind, kann eine Ahnung vom Ganzen entstehen. Fassbinder wußte das, Bergman hat so gearbeitet. Ich hatte für meine Arbeit sogar die hybride Vorstellung, daß sich mit den Mitteln des Films die ganze Schöpfung wiederholen ließ, daß es möglich wäre, alle Regungen des Lebens, alle Phantasien des Menschen, alle Gedanken und Ereignisse noch einmal neu zu erfinden, in Szenen, Bildern, Stimmungen auszudrücken. Eine Art deutscher Mythologie schwebte mir vor, und so sind die drei Filme, die ich machen konnte, nur kleine Teilstücke geblieben.
Wird, was ich schreibe, ein Film? Ein Theaterstück?
Erste Notizen, ein Stück Dialog, eine Szene, eine Stimmung – Fragmente sind es, die sich nicht festlegen lassen, ich weiß zunächst und ziemlich lange nicht, ob daraus ein Bühnenstück oder ein Leinwandstück oder ein Stück fürs Ohr werden soll. Die Geschichte selbst sollte ihre Form und damit ihr Medium finden. Wenn ich's aber jetzt bedenke, fällt mir auf, daß in einigen Stücken und Fragmenten der Ort das eigentlich Entscheidende war: Die »Fragmente über D'Annunzio« sind entstanden, als wir, Ursula Ehler und ich, in Gardone an »Merlin« arbeiteten. Wir waren unversehens in das Vittoriale geraten, liefen mit den wenigen Touristen, die sich damals an den faschistischen Dichter erinnern wollten, staunend und neugierig in dem Garten und in der Villa herum, sahen das Kriegsschiff im

schäumenden Grün, die lorbeergeschmückte Artilleriegranate neben dem Bett, das papieren bunte Flugzeug in der Kuppel, fingen an, schreibend zu beschreiben, Dialoge zu schreiben, fingen an, den Verbotenen Garten mit Personen zu bevölkern – buchstäblich haben wir dieses Stück in den Garten hineingeschrieben, ohne an ein Theater oder ein anderes Medium zu denken. Es sollte gleichsam aus dem Garten heraus entstehen und auch dort erscheinen. Ein Film also? Ein Text. Ein Film ist es nicht geworden, einige Bühnen haben den Text gespielt. »Mosch«, der Film, ist aus Entwürfen für ein Theaterstück entstanden, mit dem ich sehr lange umgegangen war, ohne damit zurecht zu kommen. Das Ambiente war übermächtig, im Theaterstück nicht zu fassen. Ich versuchte, mich an meine Stimmung in den fünfziger Jahren zu erinnern, die wollte ich festhalten, die alte kleine Seifenfabrik an der Wupper, das düstere Treppenhaus, der geschlossene Hof, das arme Zimmer, in dem ich damals lebte wie in Dostojewskis Welt, und nicht wußte, wie ich leben sollte. »Herr Paul« beschäftigte mich, der in dem kahlen Zimmer am Ende des Flurs im fahlen Licht einer Glühbirne auf dem Sofa lag und nie aufstand, nicht krank, nicht bitter, nur einer, der sich dem Leben verweigerte, ein schweres Kind. Ja, das mußte ein Film werden, eine filmische Erzählung über das Scheitern des jungen Menschen Arno, der in den Jahren nach dem Krieg versucht, sich mit irgendwas in seinem Land zu identifizieren. »Klaras Mutter« war eine Erzählung aus meinem Dorf im Thüringer Wald, es wurde mein erster Film, ich wollte ihn unbedingt machen, denn ein anderer Regisseur hätte ihn nicht machen können, so stark waren die Bilder und Landschaften meiner Kindheit, die Erinnerung an dunkle Dörfer, an das arme böse Leben in diesen schmucklosen Häusern. Ohne Erinnerung an die vielen Details, die der Film erzählt, wäre diese Geschichte nicht zu erzählen gewesen, ein Theaterstück hätte ich daraus nicht machen können.

Wenn ich nun in alten und neuen Manuskripten herumblättere, finde ich noch viele andere Geschichten, die ganz stark von der Erinnerung an Orte geprägt sind. Filmbilder, Märchenbilder. Mehr noch als das Theater lebt der Film von Erinnerung: festhalten, aufbewahren. Die wirklichen Orte wollen nicht bleiben, das Großvaterhaus in Wuppertal gibt es nicht mehr, das thüringische Dorf verändert sich, der Fluß, in dem Klaras Mutter durch den ganzen Ort im Hochwasser hinabtreibt, ist begradigt und flach, die Grenze, die im »Eisenhans« Ansichten und Wälder und Berge teilt, ist überwachsen. Es bleiben die Orte der Phantasie, erzählen weiter von Angst und Hoffnung der Menschen, damals und jetzt.

1991

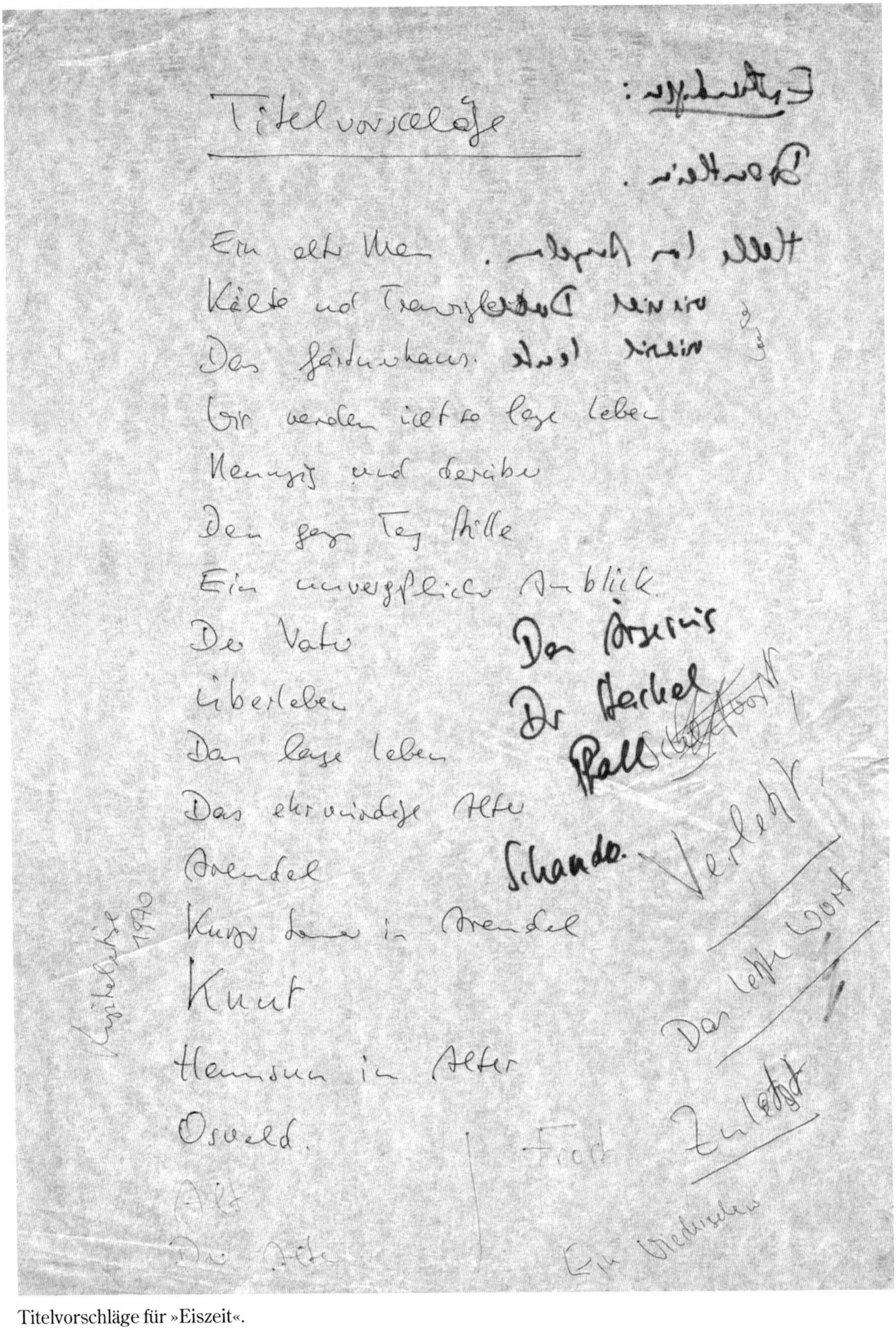

Titelvorschläge für »Eiszeit«.

DAS ÄRGERNIS

Bitte zurück an
Theaterverlag Suhrkamp
Archiv

Szenenfolge:

1. Annäherung: Der Alte begegnet Oswald.
2. Test
3. Gartenfest und Gespräch mit Oswald
4. Test
5. Am Gärtnerhaus. Oswald und der Alte
6. Im Speisesaal. Paul erscheint. Die Kommission befragt den Alte[n]
7. Im ~~Park.~~ [illegible] Oswald ~~verabschiedet sich~~
8. Besuch von einem Landstreicher [illegible]
9. Im Speisesaal. Die Familie kehrt zurück
10. Test
11. Der Alte ist von Oswalds Tod bewegt.
12. Sitzung der Kommission, diesmal ist Paul dabei. Die Kommission entfernt sich ~~ungehalten~~ verängstigt. Der Alte und seine Familie. Paul und Vera. – Der Alte ist eingeschlafen, aber er lebt noch und überlebt alle.

Lieber Peter,
hier ist – in einfacher Fassung – mein bestes Stück. Ich hasse Dich, wenn es Dir nicht gefällt –
herzlich Dein T.

»Eiszeit«, Typoskript. Mit einer Notiz an Peter Zadek.

Der berühmteste Maler der Welt

Der berühmteste Maler der Welt, dessen Bilder die teuersten waren, weil er die Gegenstände und Personen wahrer und treffender malen konnte, als sie sich selber darstellten, hatte eines Tages keine Lust mehr, die Welt zu betrachten. So ging er hin und sagte zu einem reichen Mann: Gib mir dein Haus, ich gebe dir mein Bild von deinem Haus dafür. Zu einem andern sagte er: Gib mir deinen Rolls Royce, ich gebe dir dafür das Bild, das ich von deinem Fahrzeug gemalt habe. Einem dritten versprach er, ein Bild von seiner jungen Frau zu malen und dieses ihm zu geben, wenn er dafür die Frau ihm überlasse. Und weil die Bilder so viel wertvoller waren als alle Gegenstände und Personen, waren die Besitzer mit dem Tausch einverstanden. Der Maler aber ließ das Haus abreißen, das Auto verschrotten, die Frau beseitigen. So räumte er allmählich seine Umgebung aus und fühlte sich glücklich im Leeren.

1998

Ortswechsel

Der Baron von T. hatte ein Gelübde getan, daß er zu Fuß nach Jerusalem gehen wollte. Er plante nun zwar, diese weite Reise in der ganzen Länge, die er vorher genau berechnet hatte, ohne irgendeine Abkürzung über das Meer zu unternehmen, aber den Unbilden des Klimas, den Gefährdungen fremder Länder, den unvorhersehbaren Risiken von Überfällen wollte er sich und seinen Diener nicht aussetzen; und so gingen sie auf die weite Reise durch alle Räume des Schlosses und auf allen Wegen des Parks viele Tage und Wochen lang, bis sie, die genauen Schritte berechnend, an ihrem Ziel angekommen waren. Es war im großen schönen Salon des Schlosses. Nun sind wir in der Stadt Jerusalem, sagte der Baron zu seinem Diener, das Gelübde ist erfüllt. Jetzt müssen wir uns auf die Rückreise machen, die ebenso lange dauern und uns die gleiche Anzahl von Schritten abfordern wird. Da setzte sich der Diener in einen der goldenen Sessel des Salons und sagte zu seinem Herrn: Reisen Sie, Herr Baron! Mir gefällt es hier. Ich bleibe in Jerusalem. Der Baron erschrak über diese Impertinenz, aber dann dachte er: mag er nur hierbleiben, der Unverschämte! Ich kehre allein zurück. Ungehorsam und Aufruhr will ich nicht in mein Haus bringen.

18.5.1995

Immer wieder stellen wir die Frage, ob das Theater noch zeitgemäß sei. Zweitausend Jahre reflektierte das Theater die Welt, erörterte es die Lage der Menschen. Die Tragödie zeigte das Leben als Verhängnis, die Komödie oft genug auch. Der Mensch war fehlerhaft, er irrte sich fatal, haderte mit seinen Verhältnissen, war machtgierig und schwach, tückisch und gutgläubig, unwissend fröhlich und krank an Gott. Nun höre ich sagen, unser Leben sei mit den herkömmlichen Theatermitteln, mit herkömmlicher Dramaturgie nicht mehr fassbar. Man könne also infolgedessen keine Geschichten mehr erzählen. Stattdessen Texte verschiedener Art, keine Dialoge, sondern Statements. Kein Drama. An unserem Lebenshorizont taucht schon eine ganz andere Menschenart auf: Wesen, die nach Wunsch und Absicht geklont und gentechnisch manipuliert sind. Dieser neue, fehlerlose Mensch, wenn es ihn denn gäbe, bräuchte das Theater, wie wir es kennen, nicht mehr. Die Konflikte, von denen es handelt, wären ihm unverständlich. Aber wir kennen die Zukunft nicht. Ich denke, wir sollten mit aller Kraft und mit allem Talent, das uns gegeben ist – von wem, wissen wir nicht – uns bemühen, unsere böse, schöne, fehlerhafte Gegenwart, unsere unvernünftigen Träume und unsere vergebliche Anstrengung gegen die unbekannte Zukunft zu verteidigen. Unsere Mittel sind reich: Theater ist eine unreine Kunst, darin liegt seine vitale Kraft. Ohne Hemmung benutzt es alles, was ihm im Wege steht. Es wird seinen Prinzipien ständig untreu. Selbstverständlich schielt es nach den Moden der Zeit, holt sich Bilder aus anderen Medien, redet manchmal langsam, manchmal schnell, stammelt, verstummt, ist verstiegen und banal, vermeidet, zerstört Geschichten und erzählt trotzdem welche. Ich bin zuversichtlich, dass sich das Theater immer wieder mit Leben füllt, solange Menschen das Bedürfnis haben, einander zu zeigen und vorzuführen, wie sie sind und wie sie nicht sind und wie sie sein sollten. Ja, es soll leben! Das Theater ist eine der großen Erfindungen der Menschheit, groß wie die Erfindung des Rades, wie die Zähmung des Feuers.

Botschaft von Tankred Dorst zum Welttheatertag 2003

Wer lebt, stört.

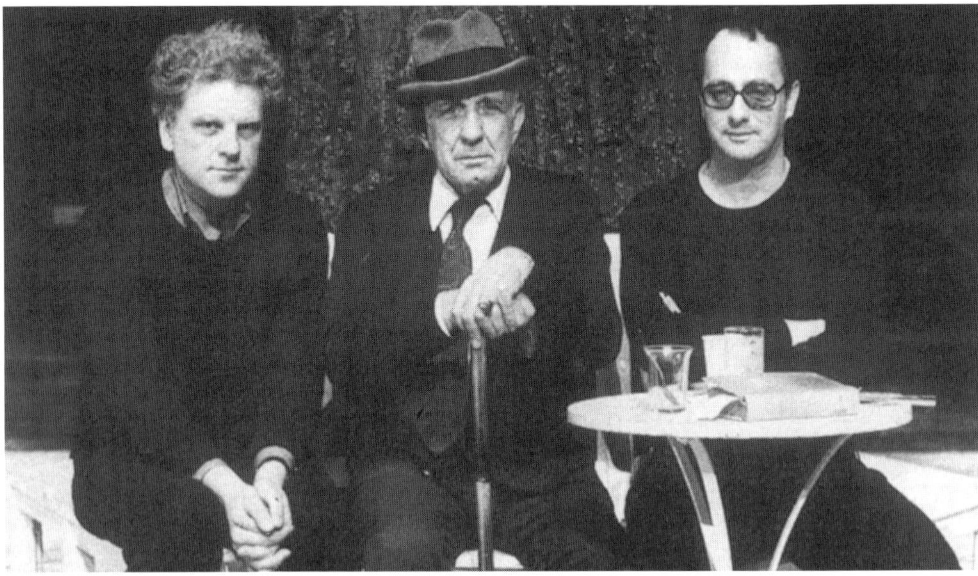

»Eiszeit« in Bochum. Mit O. E. Hasse und Peter Zadek, 1973.

Der Alte:

Ich sehe Sie an und da sehe ich wie ich jung war- ja, ich erinnere mich! Da habe ich auch goldene Kühe gesehen! Ich bin wie ein Verrückter durch die Strassen von Kristiania gerannt, - ich bin jung, ich bin jung, ich bin jung !-Ich habe nicht debattiert, die Schöpfung tut es auch nicht. Ich habe angefangen zu - - - (Das Wort fällt ihm nicht ein) -- ohne die Melodie zu kennen, so verrückt war ich! Ich habe - gesungen, gesungen habe ich! Wie ein Mensch im Paradies. Ich hatte mein Ohr am Herzen Gottes. - Ich was auch engherzig, engherzig war ich auch, es waren doch engherzige Menschen um mich und ich musste doch ein Mensch sein. ~~Ixhxhabe~~ Und dabei habe ich mich schadenfroh erhoben über alle und gesungen wie ein Mensch im Paradies. Vor lauter Glück! Ich wollte mich sogar in die Luft sprengen vor Glück!

»Der Alte«. Originaltyposkript.

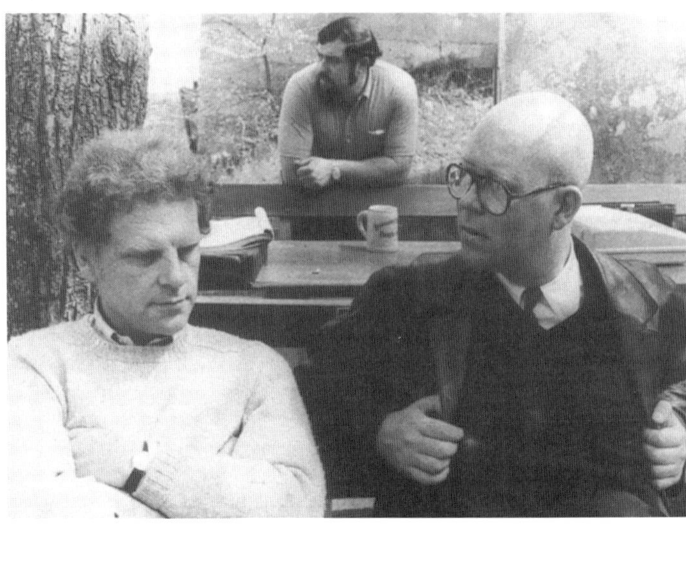

Mit Uwe Johnson bei den Dreharbeiten von »Sand«, 1971.

Peter Bekes
Poetik der offenen Form. Anmerkungen zum »Karlos« von Tankred Dorst

»Ein Grundgebrechen des gegenwärtigen ernsten Prosaikers ist seine psychologische Manier. Man muss erkennen, dass die Romanpsychologie, wie die meiste, täglich geübte, rein abstrakte Phantasmagorie ist. Die Analysen, Differenzierungsversuche haben mit dem Ablauf einer wirklichen Psyche nichts zu tun: Man kommt damit an keine Wurzel. Das ›Motiv‹ der Akteure ist im Roman so sehr ein Irrtum wie im Leben: Es ist eine poetische Glosse. Psychologie ist ein dilettantisches Vermuten, scholastisches Gerede, spintisierender Bombast, verfehlte, verheuchelte Lyrik... Die wirklichen Motive kommen ganz anderswoher; dieses da, der lebendigen Totalität ermangelnd, ist Schaumschlägerei, ästhetisches Gequirle, Geschwafel eines doktrinären, gelangweilten Autors, dem nichts einfällt, zu Gebildeten, die sich belehren lassen wollen.«[1] So schreibt Alfred Döblin 1913 in der Zeitschrift »Der Sturm« programmatisch an »Romanautoren und ihre Kritiker«. Ausgangspunkt der Döblin'schen Reflexionen über den Roman ist sein Unbehagen am konventionellen Roman, überhaupt am »Erzählschlendrian«, der sich in der Personalisierung und Psychologisierung von Handlungsabläufen äußert. Apodiktisch fordert er, dass die Hegemonie des Autor-Erzählers gebrochen werden müsse, damit die Bevormundung des Lesers durch ihn ein Ende habe. Der Letztere allein solle in völliger Unabhängigkeit wahrnehmen, verstehen und urteilen, nicht das Ichbewusstsein des Autors. Das setzt für Döblin voraus, dass der Autor radikal seine auktorialen Ansprüche gegenüber dem, was er gestaltet hat, aufgeben muss, also völlig in den fiktionalen Abläufen des Romans zu verschwinden habe: zugunsten eines sich selbst steuernden narrativen Prozesses.

Was Döblin für den Roman fordert, verlangt er auch vom Drama. Mit seiner Kritik am Psychologismus des zeitgenössischen Romans polemisiert er zugleich gegen eine Ästhetik der Einheit, Stimmigkeit und Geschlossenheit. Er will kein lückenloses Ganzes, keinen schlüssigen, linearen Handlungsduktus. Die Realität ist für ihn noch ungesichert, unbestimmt und unerkannt, ist durch gezielte Anwendung moderner ästhetischer Techniken erst noch schreibend zu entdecken. Sie ist für ihn durch »psychologische Manier«, durch abstrakten Rationalismus verdünnt, verwässert und verzerrt. Um ihrer Komplexität, ihrer lebendigen Totalität in ihren mannigfaltigen Abläufen, Momenten, Bewegungen gerecht zu werden, soll der Autor, so Döblin, selbst zum Durchgangsort, zum Medium werden, das ständig durch Stoffe und Fakten erregt und bewegt werde. Die Personengestaltung und Handlungsführung im Sinne eines psychologischen Realismus lehnt er kategorisch ab. Was er postuliert, ist »die Notierung der Abläufe, Bewegungen, mit einem Kopfschütteln, Achselzucken für das Weitere und das ›Warum‹ und ›Wie‹.«[2] Nur so erscheint es ihm möglich, das offen zu legen, was an Strebungen, Widersprüchen unterhalb der knirschenden Funktionalität des Alltagslebens existiert.

Was Döblin zu Beginn des Jahrhunderts für die Epik forderte, ist im Verlaufe des 20. Jahrhunderts in mannigfaltigen szenischen Paradigmen und poetischen Versuchsanordnungen in der Dramatik in Angriff genommen und auch realisiert worden. Im Rahmen der Gegenwartsdramatik ist es vor allem Tankred Dorst gewesen, der seine Stücke an die äußersten Grenzen des offenen Dramas herangeführt hat. Auch er ist bestrebt, sich als Autor aus seinen Theaterstücken herauszuhalten, seinen Figuren ein Eigenleben zu verleihen. Wie Döblin fragt er nicht nach ihren Motiven und Absichten, sucht auch nicht ihr

Denken und Handeln zu begründen und zu kommentieren. Dorsts Stücke sind nicht – wie etwa die Dramen Hochhuths – Bekenntnis- und Thesenstücke. Ihm ist alles »Gesinnungstüchtige ... in seiner moralischen Sicherheit« zuwider. Der »kleinmütige Realismus« ist ihm genauso suspekt wie das »Meinungstheater«[3]. Er will die Menschen so erfassen, wie sie sind. Die Figuren, die er auf die Bühne stellt, sind offen und komplex, widersprüchlich und vieldeutig. Sie sind teilweise so widerborstig wie der alte Dichter in seinem Stück »Eiszeit«, der das, was er auf der Bühne verkörpert, selbst sagt: »Was wissen sie denn über den Menschen? Sie meinen, sie stellen einen Charakter auf die Bühne, wenn sie eine Figur ein paar Ideen aussprechen lassen. Und dann behaupten sie: So ist er! Ein Mensch ist aber ein Konglomerat von vielen Ideen und Wünschen und Hoffnungen, und die haben nichts miteinander zu tun, die widersprechen einander und die bekämpfen sich.«[4] Dorst entwickelt seine Figuren nicht aus der Psychologie, sie reden nicht langatmig über ihre Motive und über das, was sie tun; sie sind so, wie sie im Augenblick auf der Bühne agieren, in unterschiedlichen Situationen und Rollen. Dabei weiß man als Zuschauer nie, was sie im nächsten Moment tun werden. Sie haben einen Entwurf von der Welt, doch lassen sie sich nicht festlegen. Nur in der Sprache ihrer Gebärden schimmert partiell das durch, was subversiv in ihrer Psyche ist: dunkle Obsessionen und kühne Phantasien, schöne Träume und heillose Wahnvorstellungen.
Und genauso verhält es sich auch mit der Handlungsdramaturgie seiner Stücke. Auch diese ist sprunghaft und fragmentarisch. Unvermittelt, collageartig stellt er die Episoden und Bilder in seinen Dramen zusammen. An ihren Rändern sind diese zumeist offen. Weithin behalten sie den Charakter von szenischen Entwürfen, die den Theaterleuten Entfaltungsmöglichkeiten geben und den Zuschauern Assoziationsräume öffnen sollen. Ihnen liegt eine Poetik des Skizzenhaften, des unfertigen Plots und der Notiz zugrunde. Auf die mannigfaltigen Facetten der Geschichte, auf Ereignisse und Erfahrungen in der Gegenwart reagiert Dorst mit facettenreichen Geschichten, mit Märchen, Legenden, Mythen und Traumbildern. Diese Geschichten sind die Keimzellen seiner dramatischen Werke, »erste Fixierungen von Stückprojekten«[5]. Auch für das 1990 uraufgeführte Drama »Karlos« existiert eine solche Geschichte. In ihr ist dessen Struktur en miniature vorgezeichnet.[6]
In einer Art Werkstattbericht hat Dorst dargelegt, wie er zu ihr gekommen ist oder, paradoxerweise, wie sie zu ihm gekommen ist. Zunächst hatte er eine Geschichte gefunden, sie gelesen und sich mit ihr auseinandergesetzt, nämlich Calderons Drama »Das Leben ist ein Traum«. Es ist die Geschichte vom polnischen Königssohn Sigismund, der von seinem Vater seit seiner Geburt in einem geheimen Turmverlies gefangen gehalten wird, weil ein ungünstiger Orakelspruch dem König verheißen hat, Sigismund werde einst grausam herrschen. Dennoch fasst der König den Entschluss, den Sohn probeweise regieren zu lassen. Zu diesem Zweck wird Sigismund in einen Schlaf versetzt und anschließend in den Palast gebracht. Doch er besteht die Probe nicht, zeigt sich aufbrausend, herrschsüchtig und zügellos. Deshalb wird er erneut in den Turm gesperrt und ihm erklärt, er habe alles nur geträumt. Von einer aufrührerischen Menge befreit, erhält er aber ein zweites Mal Gelegenheit, sich als Herrscher zu bewähren. Es gelingt ihm, seine wilde Natur zu beherrschen und Gutes zu tun. Er besiegt den Vater und verzeiht ihm großmütig.
»Was mir beim Lesen und Wiederlesen«, so erinnert sich der Dichter in seiner Tübinger Poetik-Vorlesung, »großen Eindruck macht, ist vor allem der Ort der Wildnis, das Gefängnis ..., mir stellt es sich als eine Höhle dar. Die Höhle und ihr Gegenbild: der Palast. Der Urort des Menschen in der Geschichtslosigkeit – und der Ort der Geschichte, das Haus

des Königs. Das Ungestaltete und das Geschmückte, Hergestellte, zeremoniell Belebte. Dieser äußerste Gegensatz fasziniert mich und gibt mir den ersten Anstoß, die erste Anregung, mich mit dem Stück zu beschäftigen.«[7]
Dorst hat dann – im Rekurs auf den Text von Calderon und doch vor dem Hintergrund persönlicher Erfahrungen – auch versucht, eine eigene Geschichte zu entwerfen, hat sie punktuell auch realisiert und szenisch erprobt. »Das goldene Zeitalter« sollte ihr Titel sein. Und doch hat sich diese Geschichte ihm auch wieder entzogen, so dass er sie dann doch nicht als Theaterstück fertig gestellt hat: »Was mich damals gestört hat, so sehr verstört, dass ich damit nicht zurandekam und schließlich alles Interesse verloren habe. Die Handlung hatte sich mir zu sehr geschlossen, sie war hermetisch wie eine Parabel, zwei Charaktere, ... waren nur Ideenträger geblieben, hatten kein Leben gewonnen. Ein Ideendrama wollte ich nicht schreiben.«[8] In dem Maße, wie sich die Geschichte von ihm abwandte, hat sich eine andere, aber doch ähnliche Geschichte ihn als Autor gesucht und auch gefunden.[9] Er hat den »Karlos« geschrieben.
Die Gründe, die Dorst dazu bewogen haben, sein Calderon-Projekt aufzugeben, bezeichnen genau die Differenzqualitäten, die seinen »Karlos« von Schillers berühmter Jugenddichtung »Don Carlos« trennen. Mit ihr wurde der Dichter als Jugendlicher erstmals konfrontiert, und zwar anlässlich einer Aufführung des Stückes im Coburger Residenztheater. In einer Mischung aus Erlebnisbericht und Reflexion erinnert er sich an den Theaterabend, versucht im Lichte seiner ersten Theatererfahrungen sein Selbstverständnis als Dramatiker zu entwickeln: »Die Dame da verlässt das Boudoir, warum verlässt sie es jetzt? Warum kehrt sie nicht zurück auf die Bühne, sie könnte doch etwas vergessen haben oder sie könnte umkehren, weil sie dem Herrn, der sie trostlos verlassen hat, noch eine Mitteilung machen möchte, die sein Leben – sein Leben auf dem Theater – unversehens ändern würde? Und der dickliche Freund, warum rennt er so hastig über die Treppe, nur um draußen, wo ich ihn nicht mehr sehe, jemanden etwas zuzurufen? Könnte er nicht stolpern und liegenbleiben mit gebrochenem Bein, bis zufällig der alte Mann, der Großinquisitor, vorüberginge oder, besser noch, eine junge schöne Dame, von der wir bisher noch gar nichts wussten, die ihm sagt, dass sie ihn schon immer geliebt hat? Das Leben der Schauspieler auf der Bühne lief nach einem unerforschlichen Ritual ab, nach einem offenbar genau festgelegten Plan. Die Schauspieler hatten sich ihn eingeprägt, sie gehorchten dem alten Dichter, der schon zweihundert Jahre tot war. – Ich erinnere mich, dass ich im Dunkeln saß, schwitzend vor Aufregung, und mir, während das Drama ablief, ausdachte, wie die Handlung anders weitergehen könnte, für mich, für meine Vorstellung. Nicht harmonischer sollte sie sein (alles Komische verachtete ich), aber extremer, phantastischer gefühlvoller – meinem Herzen näher.«[10]
Entscheidend an diesem frühen Theatererlebnis ist, dass der junge Tankred Dorst sich dem konventionellen Bühnenritual bzw. der Handlungsdramaturgie nicht unterwirft. Aus eigener Perspektive inszeniert er das Stück in »seinem Theater im Kopf« neu, verändert es, erlaubt sich Abschweifungen und Parenthesen – und alles dies, um dem vorgegebenen Zwang, dem So-und-nicht-anders der doch nur fingierten Bühnenwirklichkeit zu entgehen, nicht aus »Bewunderung«, wie er sagt, »sondern aus Rechthaberei und Eigensinn«[11]. Denn Eigensinn, für bürgerliches Bildungsdenken eigentlich das Verquere, Trotzige, Unbotmäßige und Störrische, ein die harmonische Lebensentwicklung störender Charakterzug, wird für ihn zum produktiven Potenzial, ist so gesehen der Garant für das Recht des Einzelnen, die Welt mit den eigenen Sinnen immer wieder neu zu erfassen, ihr einen eigenen Sinn zu unterlegen. Und dieses seinerzeit aus der Unbefangenheit des Kindes eingeforderte Recht beansprucht Dorst auch noch gut fünfzig Jahre später für sich,

wenn er erneut die Geschichte des spanischen Infanten aufgreift und einen ganz anderen Karlos auf die Bühne bringt, als er durch Schiller vorgeprägt ist. Diese Figur ist so eigensinnig und phantasiebegabt wie der Dichter selbst. So ist die Auseinandersetzung mit ihr für Dorst auch ein Versuch, sich schreibend der eigenen Person zu nähern, d. h. sich mit seinem persönlichen Eigen-Sinn auseinander zu setzen.
Was Dorst, das hat er mehrfach betont, an dem Karlos-Stoff reizte, war für ihn die Frage, wie jemand, der von Geburt an von Menschen ferngehalten, isoliert und eingesperrt wird, gleichsam wie ein Hund lebt, sich verhält, wenn er plötzlich in eine unbekannte soziale Welt gestellt und mit deren starren Konventionen und fremden Ritualen, mit unverständlichen Sprachregelungen und Normen konfrontiert wird. Präfiguriert ist diese Situation für Dorst etwa in der Lebensgeschichte Parzivals. Auch dieser tritt in eine fremde Welt, die von anderen gemacht ist, in ihr muss er sich zurechtfinden, in ihr muss er bestehen. »Es geht darum«, so sagt Dorst, »dass Parzival noch nie einen Menschen gesehen hat und die Welt nicht kennt. Alles was ihm begegnet, begegnet ihm zum erstenmal ... er tötet ja mit der grausamen Unschuld eines Kindes, er weiß nicht, was Tod ist.«[12]
Mit der Rückbindung der Karlos-Figur an die Geschichte von Parzival verlässt Dorst allerdings nicht völlig den Raum der Geschichtsschreibung. Im Gegenteil, er ist – das ist eine weitere Differenz zu Schillers Drama – den historischen Quellen recht nah, hält sich ziemlich eng an das geschichtlich tradierte Charakterbild des Infanten. Auf geschichtlich verbürgte Fakten aus der Lebensgeschichte des Karlos greift er zurück, bildet aber aufs Ganze gesehen keine Geschichtsprozesse ab, sondern spielt mit ihnen. Um zu zeigen, welche phantastischen Möglichkeiten in der Wirklichkeit liegen, findet und erfindet er neue Geschichten, die sich um Karlos zentrieren. Zu einem idealistischen Freiheitshelden erscheint dieser nicht geeignet. Körperlich deformiert und psychisch geschädigt, jähzornig und gewalttätig, hat er mit dem aufgeklärten Fürstensohn aus Schillers Drama nichts gemeinsam. Sicherlich, auch er rebelliert gegen den Vater, doch ausschließlich aus privaten Motiven. Diese Figur besitzt weder moralisch noch politisch Entwicklungsmöglichkeiten. Sie kreist nur um sich selbst, findet keinen Weg aus dem Dickicht ihrer Obsessionen und Wahnvorstellungen. Deshalb verzichtet Dorst auch auf eine lineare Szenenfügung, auf Kausalität und Finalität in den Handlungssträngen. Die einzelnen Szenen fügen sich nicht zu einem Handlungskontinuum. Unmittelbar setzen sie ein, genauso abrupt enden sie. Das Bühnengeschehen vollzieht sich als assoziatives Springen von Ort zu Ort, von Begebenheit zu Begebenheit. In rascher Folge wechseln Staatsaktionen und private Szenen, schroff kontrastiert z. B. die höfische Sphäre des Palastes mit der Welt des Bordells.
Das Stück umfasst 19 Bilder mit Überschriften und Zwischentexten, die in der Gestalt von Stichworten, Gedankensplittern und szenischen Anweisungen auf den Inhalt der Episoden anspielen, ohne ihn in eine bestimmte Deutungsrichtung zu stellen. Das erinnert auf den ersten Blick an die Brecht'sche Dramaturgie, an die Zwischentitel in vielen seiner Stücke. Von einer desillusionierenden Wirkung auf die Zuschauer, wie sie Brecht intendiert, kann aber hier kaum gesprochen werden. Diese wirken fast willkürlich, erscheinen einem assoziativen Denkstil entsprungen. Letztlich sind sie nichts anderes als An- und Vorzeichen für das Bühnengeschehen, erhöhen die Spannung und Aufmerksamkeit der Zuschauer.
Erst nach der Rezeption der jeweiligen Szene erschließt sich ihnen – und das auch nicht immer – ihre Bedeutung.
Ähnlich verhält es sich mit dem epischen Vorspann des Dramas. Was er in punktuellen Aufblendungen inhaltlich verspricht, überbietet dessen Handlungsverlauf um ein Viel-

faches. Was folgt, ist ein bizarrer Bilderbogen, ein Reigen böser Märchenszenen, ein Pandämonium an schaurigen Aktionen und skurrilen Begebenheiten. Da wird geschlagen und gebissen, gefoltert und gemordet, da wird ein verwester Heiliger dem Infanten Karlos ins Bett gelegt, um ihn zu heilen, da liegt König Felipe »klagend und schreiend auf dem großen blutigen Pferdekadaver«. Gleichzeitig springt Ysabel, seine Frau, »wie rasend gegen die Wände« (K 58).

Das Drama beginnt unmittelbar damit, dass der Infant Karlos dem Staatsrat als künftiger Herrscher der Welt vorgestellt werden soll. Der Dichter verzichtet auf die Exposition der Titelfigur, weil diese keine Vorgeschichte hat. Karlos kommt aus einem geschichtslosen Niemandsland, aus der Dunkelheit in die Menschenwelt, die ihn nicht will. Er ist Parzival und Kaspar Hauser zugleich. Der Dichter zeigt ihn in seiner körperlichen Schwäche und sozialen Unfähigkeit, in seinen psychischen Blockaden und sadistischen Verhaltensweisen, als Sklaven seiner Triebe und Affekte, als »ein grausam behandeltes, grausames Kind«[13]. Karlos ist eine Figur, deren Sinnlichkeit und Gefühle noch nicht geformt sind, der die Grenzen der Empfindungen, der Schmerzen noch nicht kennt und erst lernen muss, was gut und böse, Leben und Tod bedeuten. Wir erleben ihn naiv und zynisch, böse und ängstlich, sehen ihn fressen und saufen. Er ist für die Zuschauer kaum auszurechnen. Diese Figur folgt ihren eigenen Lebensgesetzen, nicht der Dramaturgie des Hofes. Worin die eigentlichen Beweggründe für ihr Denken und Handeln liegen, bleibt während des gesamten Stückes rätselhaft. Karlos ist als Charakter nicht eindeutig festzulegen. Ihn allein als Lüstling oder Bösewicht zu kennzeichnen, heißt ihn und das Stück misszuverstehen. Auch er ist – vor allem zu Beginn des Stückes – bewegt von dem Verlangen nach Zärtlichkeit und Geborgenheit. Doch Zuwendung und Orientierung werden ihm verweigert. So hat er zu den Menschen kein Vertrauen. Bezeichnenderweise ist es der an der Staatsratssitzung teilnehmende Hund, dem er sich als erster offenbart, d. h. ihm die Geschichte seiner Entmenschung, seiner hündischen Existenz als Geschichte einer unmenschlichen Welt erzählt: »Ich kroch auf allen Vieren auf dem Fußboden herum, wie ein Hund, und ich habe meiner Amme in die Brüste gebissen wie ein bissiger Hund: da schrien die Verwandten auf, und die Sache wurde von den Botschaftern an alle Königshöfe der Welt berichtet. Der Infant Karlos ist bissig. Dann hielt man mich verborgen und hat mich eingesperrt, niemand wollte mich sehen, und ich sollte auch niemanden sehen. So sind meine Jahre vergangen, bis du zur Welt kamst, Hund.« (K 15) Weil er die Ordnung der höfischen Welt nicht kennt, kann er sich nicht in deren Regeln fügen. Deshalb fällt er auch durch die Staats-Prüfung. Weil er unbotmäßig ist, sich wie ein trotziges Kind aufführt, ist er für die Vertreter der Machtpolitik nicht tragbar, muss er beseitigt werden.

Was hier zu Beginn paradigmatisch vorgeführt wird, gilt für den gesamten Handlungsverlauf des Stückes: Da Karlos ohne Moral auf die Welt kommt, kann er deren Mechanismen ohne Vorurteile durchschauen und entlarven, aber gerade deshalb verfehlt er sie auch immer wieder. Vielfach vermag er Sein und Schein, Person und Rolle nicht auseinander zu halten, gelangt er zu grotesken Fehleinschätzungen und lässt sich zu blutigen Taten hinreißen. Karlos' Weg durch die Welt ist ein Weg der Verstörungen und Verhinderungen, des Missverstehens und Versagens. Die Potenzprobe bei der Hure misslingt, führt beinahe schon hier in die persönliche Katastrophe. Zum Schluss wirft sie ihn, da er mittellos ist, aus der Tür hinaus, so dass er – das ist Dorsts spöttische Antwort auf den Fall des heroischen Helden in der klassischen Tragödie – die lange Treppe hinunterfällt und unten wie tot liegen bleibt. Der schmählichen Demütigung als Mann folgt die politische Demontage im Palast: Der Vater vermählt sich mit der Frau, die eigentlich für ihn bestimmt ist. Das ist der Beginn des Komplottes. Karlos verschwört sich mit dem schönen Kriegshelden

Juan d'Austria und dem Freiheitskämpfer Egmont gegen den Vater, gleichwohl sind diese nur Doppelgänger, die ihn auf Betreiben des Großinquisitors bespitzeln und des Verrates überführen sollen. Doch selbst ihre Originale taugen weder für den Aufbau privater Beziehungen noch politischer Bündnisse. Der eine, ein Schlächter im Kampf gegen die Türken, will nur als Kriegsheld in die Annalen der Geschichte eingehen, dem anderen ist fast nur abstrakt an der politischen Sache, kaum am konkreten Menschen gelegen. Dass dieser auch leibhaft existiert, scheint Egmont erst in dem Augenblick wahrzunehmen, als Karlos ihm einen Finger abbeißt. Und auch der letzte Versuch von Karlos, sich vom Joch des Vaters zu befreien, scheitert: Der Wilde, der auf sein Geheiß die Brandfackel in den Palast schleudern soll, um den Machtapparat des verhassten Vaters zu zerstören, wird entdeckt und von den Schergen des Königs gefangen genommen.

Gewalttätig versucht Karlos gegen ein System zu revoltieren, das seine Macht vor allem dadurch zeigt, dass es die Wirklichkeit manipuliert und undurchsichtig macht, das also letztlich darüber verfügt, was als wirklich zu gelten hat. Die Welt, gegen die Karlos sich grausam und chaotisch gebärdet, ist eine verkehrte, eine Welt der Intrigen und Verstellungen, der Lügen und Grausamkeiten. Den ganzen spanischen Hof imaginiert Dorst als ein monströses Tollhaus. Der König ist umgeben von Heuchlern und Jasagern, von debilen, bösartigen Greisen und gefährlichen Spitzeln. In diesem Gottesstaat ohne Gott herrschen die Perversionen und Obszönitäten. Der Mensch scheint hier buchstäblich auf den Hund gekommen zu sein. Da mutiert eine Dogge, der Blindenhund eines toten Grafen, zum Vertreter im Staatsrat, da wird im Gegensatz dazu ein Wilder aus den amerikanischen Kolonien zum Tier erklärt: »Er ist«, so befindet einer der Greise, »ein Demonstrationsobjekt. Er kommt in den Zoo.« (K 17) Notdürftig zusammengehalten wird diese Welt durch starre Gewohnheitsmechanismen und Rituale, die sich überlebt haben.

Wirkungsmächtiges Motiv in der Geschichte des Karlos-Stoffes ist der Vater-Sohn-Konflikt. Dieser ist auch konstitutiv für das Dorst'sche Drama. Karlos kommt verstört und ängstlich aus einem vaterfernen Exil. Auf seinem Weg in den Palast ruft er den Vater, sucht er nach Orientierung und Sicherheit, doch dieser hört ihn nicht, will ihn nur berufen, ihn öffentlich zu seinem politischen Nachfolger erklären. »Haben Sie mich je gesehen?« So wirft er ihm später vor. »Mir wurde immer gesagt, sie schreiben Briefe und führen Kriege. So habe ich mir ein Bild von Ihnen gemacht: Ein starker Mann in goldener Rüstung, und einer, der gebückt bei der Kerze sitzt und Zeichen auf lange Blätter schreibt.« (K 15) In König Felipe manifestiert sich eine greise Väterwelt, die den Kontakt zur Wirklichkeit genauso verloren hat wie jener, der gegen sie aufbegehrt. Karlos' Auftreten ist anarchischer Protest gegen eine erstarrte Welt, die aus leeren Zeremonien und Ritualen besteht. Weder hier noch später ist er bereit, die herrschaftsfunktionale Rationalität, die die Arbeit seines Vaters bestimmt, anzuerkennen. Da er seinen Vater hasst, provoziert er ständig die von diesem repräsentierte Ordnung. Karlos vermag sich nur dadurch selbst zu behaupten, dass er ständig aus der Rolle fällt, Rituale aufbricht, Normen negiert, Böses tut. Er fügt sich und den anderen Menschen Schmerzen zu, um sich seiner eigenen Existenz zu vergewissern. Wenn er Freiheit meint, meint er nicht die politische, wie sie etwa von Egmont gefordert wird. Mit diesem und Juan d'Austria will er sich nur verbünden, um dem Vater zu schaden. Sein Empfinden und Verhalten sind ganz von den Mächten der Dunkelheit überlagert, aus deren Sphären er kommt. Die Gespenster der Nacht, den Schatten des Mörders, vermag er nicht zu vertreiben. Am Ende ist er mit ihm identisch, mordet sich selbst.

Anfangsszene und Schlusstableau klammern die Bilder des Dramas. So grotesk, wie das Drama beginnt, endet es auch: als Farce. Karlos ist in das geschichtslose Dunkel, aus dem

er kam, wieder zurückgekehrt. Von seinem Vater in einem fensterlosen Raum eingekerkert und völlig auf sich zurückgeworfen, vegetiert er nur noch vor sich hin. Kompensation seines Verlustes an Wirklichkeit ist deren bloß stoffliche Vereinnahmung, ist – genauso wie zu Beginn – das monströse Hinunterschlingen von Wildpasteten. Daran geht er schließlich zugrunde. Statt der utopisch-emanzipatorischen Botschaft, der Apotheose von Freiheit, die Völlerei, die Freiheit zum Tode durch das Fressen. Der wirkungsvolle Abgesang auf der Geschichtsbühne wird ihm verweigert. Das Ende des Stückes travestiert ein letztes Mal den hohen Ton konventioneller Tragödien: Der Koch behält das letzte Wort. Zutiefst gekränkt in seiner Berufsehre, ärgert er sich über das unrühmliche Ableben des Infanten: »Mit dem Messer, mit Gift, mit dem Strick – meinetwegen! Aber sich an meinen Pasteten totzufressen – Gemeinheit!« (K 111)
So absurd, wie die Geschichte des Karlos endet, ist auch der universale geschichtliche Zusammenhang, in den sie Dorst einbettet. Die damalige Weltgeschichte gerät in seinem Stück zu einem monströsen Panoptikum. In ihm herrschen Willkür und Gewalt. Dorsts Sicht der Geschichte ist – das zeigte schon sein »Merlin«-Stück – zutiefst pessimistisch. Sein Karlos, dem er als Person schreibend näher zu kommen suchte, macht es im Gespräch mit Egmont deutlich: »Ich könnte mir auch andere Ziele der Schöpfung vorstellen: Dass sie aus Explosionen und Chaos und Schwärze einen schönen, blauen Ball entstehen ließ, der ruhig und in der unendlichen Harmonie des Weltalls schwebt, herrlich von oben anzusehen. Und darauf hätte sich leider in letzter Zeit ein grauer Schorf gebildet, der sich immer mehr ausbreitet, eine Krätze, eine ekelerregende Hautkrankheit: die Menschheit.« (K 83)

Die Geschichte vom Dilldapp

gezeichnet von Götz Loepelmann

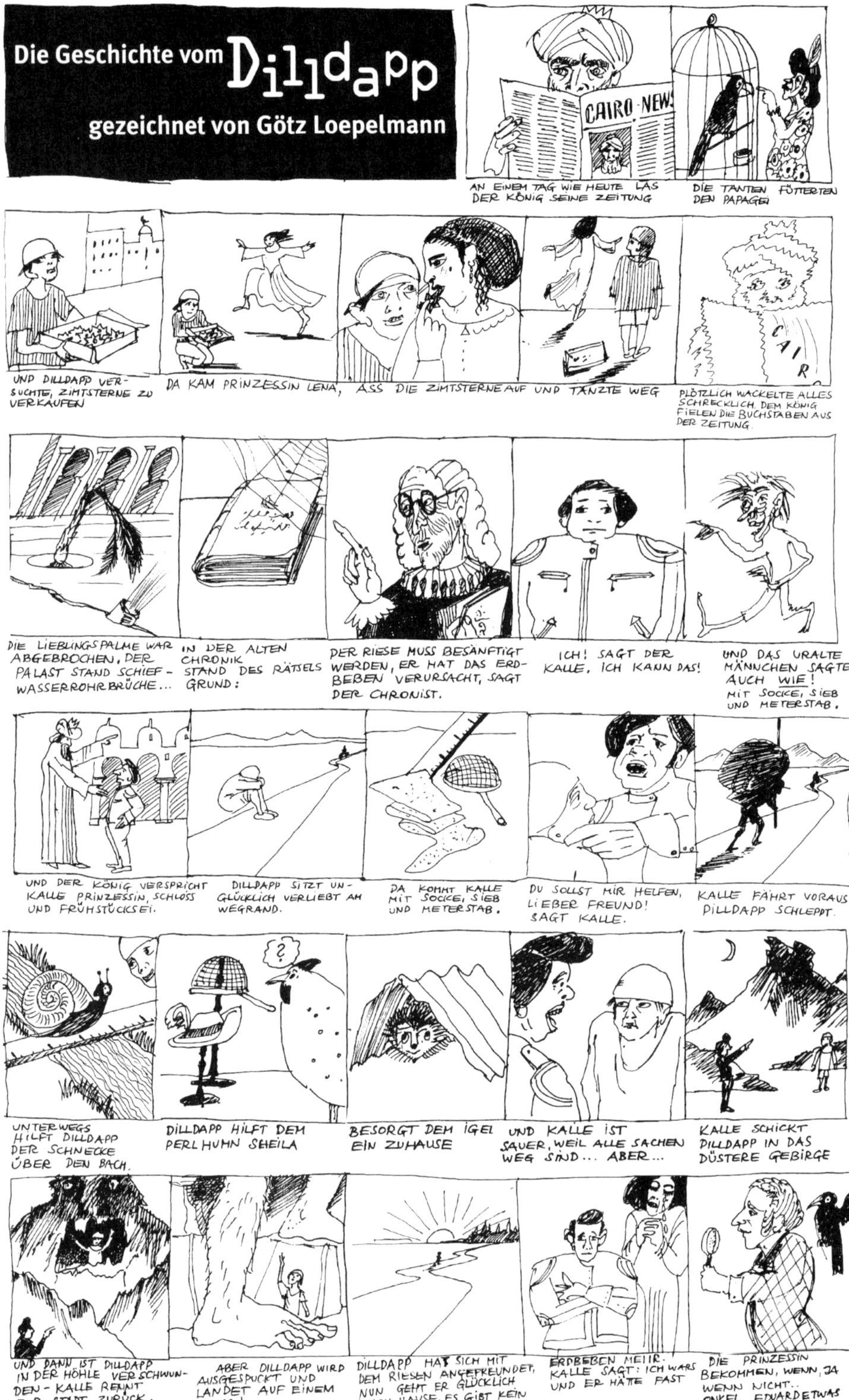

Rudolf Denk
Theaterfantasien. Zur Dramaturgie der Märchenstücke von Tankred Dorst

Tankred Dorst hat im Rückblick eindrucksvoll beschrieben, wie er sich als Kind im Coburger Theater einen Dramaturgen vorgestellt habe. Durch einen »Riss in der Verdunkelung« – als Folge einer Zerstörung im Krieg – sah er oben an der Fassade ein Licht durchschimmern. Er dachte, der »Dramaturg da oben« schreibe »die unvollendeten Dramen der Weltliteratur zu Ende, Grabbe, Hebbel, Grillparzer...«[14].

Seitdem schreibt Tankred Dorst Stücke. Was in dieser Kindheitserinnerung als frühe Imagination theatralischer Inspiration erscheint, kennzeichnet wichtige Einsichten eines inzwischen hochberühmten und gefeierten Stückeschreibers. Dazu gehören Dorsts künstlerische Ziele, überkommene Formen des Dramatischen zu überwinden, neue, erweiterte dramaturgische Verfahrensweisen zu erproben, den Fragmentcharakter der eigenen Entwürfe bewusst auszuspielen und damit das Unvollendete theatralischer Texte, die erst durch die Bühnenaufführung »zu Ende« geschrieben werden, zu betonen. Ein Autor wie Tankred Dorst wechselt aus diesen Gründen ebenso selbstverständlich zwischen den Medien Theater, Film, Erzählung, Theater im Kopf (Hörspiel, Drehbuch) und meidet gängige Gattungsbezeichnungen des konventionellen Dramas.

Das Werk von Tankred Dorst entzieht sich allen vorschnellen Einordnungen und Systematisierungen, wie politisches Stück, poetisches, absurdes Stück, Boulevard oder Psycho-Kammerspiel. Auf das Stück »Die Kurve« sollten lauter Farcen, auf »Toller« politische Revuen, auf »Dorothea Merz« Familiengeschichten, auf »Merlin« Mythenspektakel folgen. Dorst hat sich mit größter Entschiedenheit solchen Erwartungen widersetzt und Theater, Publikum und Germanistik mit wechselnden szenischen Skizzen verschiedenster Art und Dramaturgie überrascht. Dorst selbst hat seine Arbeitsweise, die zu solchen Ergebnissen führt, mehrfach anschaulich geschildert:

Bewegungen, Momente, Bilder und Bilderfolgen, Dialogentwürfe und Passagen gesprochener Sprache stehen am Beginn der Schreib- und Arbeitsprozesse, die Tankred Dorst in einem fortwährenden Gespräch mit Ursula Ehler in Gang hält. Dorst vermeidet fertige Konstruktionen. »Zuerst sind die Bilder, die Personen. Und die Bilder und die Szenen müssen ihr Thema finden – ich meine: das Neue, das Originelle, das, was fasziniert, ist immer das Detail, das Thema ist niemals neu. Ich schreibe, und mit der Zeit komme ich wieder auf mein Thema. Es ist ja immer dasselbe Thema, in Varianten.«[15] Tankred Dorst und Ursula Ehler arbeiten also mit Dialogskizzen, Bild- und Textbausteinen, aus denen sie nach dem Prinzip einer »Dramaturgiewerkstatt« Szenen, Stücke, Filme formen, wieder beiseite legen, neu aufbereiten und letzten Endes weiterentwickeln können, wenn sie wieder »auf das Thema« kommen. Doch gilt das auch für die wenigen Stücke für Kinder und Jugendliche aus der Werkstatt von Tankred Dorst und Ursula Ehler? So wie viele andere Kinder- und Jugendstücke sich dem jährlichen Sog des Weihnachtsmärchens unterzuordnen haben, scheinen auch die relevanten Theaterentwürfe von Dorst und Ehler auf den ersten Blick eine interessante Randstellung[16] im Gesamtwerk einzunehmen.

Fantasiestücke in Brentanos Manier: Wege zum Glück
(»Ameley, der Biber und der König auf dem Dach«, »Wie Dilldapp nach dem Riesen ging«)

In einem Interview gibt Tankred Dorst Einblick in seine Art, Theater für Kinder zu schreiben. Der Interviewpartner stellt die Frage: »Es ist sehr ungewöhnlich, dass ein Autor, der zur so genannten literarischen Hochkultur gehört, auch Kinderstücke schreibt. Ich kann mich nicht an Kinderstücke von Botho Strauß oder Heiner Müller erinnern.«[17] Tankred Dorst verweist im Gegenzug mit Entschiedenheit auf die Kinderstücke von August Strindberg und Maurice Maeterlinck. Strindberg hat drei oder vier Kinderstücke geschrieben, und Tankred Dorst hat einige seiner schönsten Stücke für Kinder verfasst. Tankred Dorst findet es lehrreich, für Kinder zu schreiben. »Die Sache muss spannend erzählt sein. Wenn sich Kinder langweilen, zeigen sie das sofort...«[18] Tankred Dorst und Ursula Ehler versuchten im Juli 1981, das Brentano-Märchen vom Murmeltier als Kinderstück umzuschreiben.[19] Es ist sehr bezeichnend, dass beide diese Bearbeitung in ihren Werkstattheften kommentieren und später auch immer wieder darauf zurückkommen. Zunächst finden sie die Rhein-Märchen von Brentano bei der Lektüre anregend. Erst später kann daraus ein Stück entstehen, das natürlich mit Brentano nicht mehr so viel zu tun hat. »Nicht zierlich werden!«, schreiben sie zu ihrer eigenen Warnung in ihr Arbeitsheft und lassen die Arbeit an diesem Stück für Kinder während der Proben zu »Merlin« wieder liegen. »Brentanos Märchen leben vom Wort, pflanzen sich mit Wörtern fort; das ist wunderbar, gerinnt aber nicht zu Szenen. Eine andere Geschichte also! Wir haben »Ameley« geschrieben während der Zeit, als die Uraufführung von »Merlin« geprobt wurde.«[20] Im Jahre 1982 geht es mit neuem Schwung an die Neufassung eines Stückes, das dann den endgültigen Titel trägt: »Ameley, der Biber und der König auf dem Dach«. Tankred Dorst hat damit ein

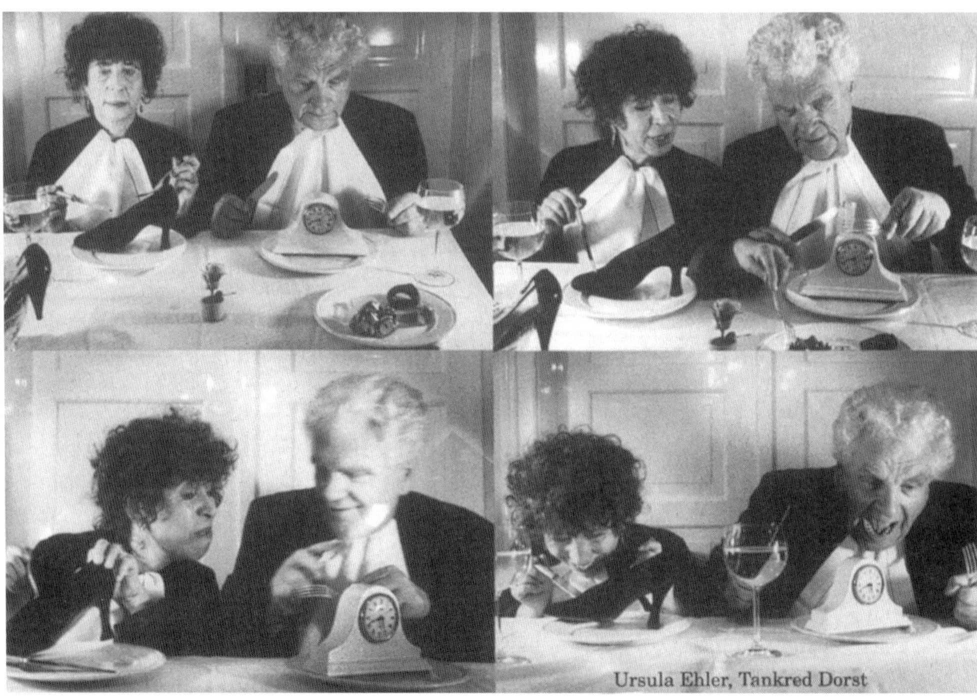

Die Bilder sind anlässlich der englischen UA von »Don't eat little Charly! (Friß mir nur mein Karlchen nicht!)« am Royal National Theatre London 8. Juli 1999 entstanden.

Versprechen eingelöst, das er Ute Nyssen, der Herausgeberin von Theaterstücken und renommierten Kennerin der Theaterszene und des Kindertheaters, vor längerer Zeit gegeben habe: nämlich ein Kinderstück nach dem Vorbild von Clemens Brentanos »Rhein-Märchen« zu schreiben. Aber er habe – so Dorst – die Rhein-Märchen alle vergessen und wieder gelesen und wieder vergessen, so dass nur wenig übrig geblieben sei: nämlich ein paar Figuren und Namen, der Biber, Frau Loreley, die eine Quelle sucht, Frau Wirx und Murxa. Tankred Dorst notiert: »Ich hoffe aber von Herzen, dass in dieser neu erfundenen Geschichte auch etwas von der Poesie und Fantasierlust Brentanos geblieben ist, an der ich/wir damals so große Freude hatten.«[21] Was ist an dieser Geschichte in Brentanos Manier neu erfunden? Was von der Poesie und Fantasierlust Brentanos erhalten geblieben?
Die so gestellte Frage missachtet den Transpositionsprozess von der Erzählung zur szenischen Darstellung. Theatersemiotisch betrachtet, greift Dorst zwar auf einige Märchenfiguren Brentanos zurück; er stellt diese Figuren jedoch auf der Bühne unter den Zwang der unbarmherzig ablaufenden (»reißenden«) Zeit und verwirklicht damit eine wesentliche Dimension des Theatralischen, die er damit auch einem kindlichen Publikum nachdrücklich vor Augen führen kann. Die Hauptfigur des Stückes muss sich nämlich beeilen. Die (Bühnen)zeit drängt, die Einheit der Zeit bleibt gewahrt.

Für die Handlung des Stückes bedeutet das: Ameley muss an einen bestimmten Ort kommen, bevor es dunkel wird. Sonst reißt ihr die Eule den Kopf ab. Es geht also buchstäblich um Ameleys, der Hauptheldin Kopf: Ameley, das Findelkind, wird von einer bösen Ziehmutter mit dem Brentano'schen Namen Wirx in den Wald abgeschoben. Ameley soll ihrer zänkischen Halbschwester Murxa beim Umgarnen eines in Aussicht stehenden schönen und reichen Prinzen nicht in die Quere kommen. Die gesamte Handlung des Stückes wird allerdings durch das Lied der Amsel von Anfang an in einer verrätselten Form vorgegeben. Natürlich – wir sind ja hier im Märchen – zieht Ameley, wie alle Zuschauer und Leser es erwarten, letzten Endes das große Los. Sie muss sich beeilen; sie darf nicht zu spät kommen, sie darf nirgends verweilen, sie muss Gefahren bestehen und der Gefahr entgehen, bei diesem Abenteuer im dunklen Wald von der Eule den Kopf abgerissen zu bekommen. Doch die Spannung steigt: Eile und Verweilen stehen dramaturgisch im Gegensatz zueinander. Ameley ist nämlich eine Trödelliese, die sich überall aufhält, viele Menschen und Tiere trifft und schließlich mit einem ganzen Rudel von Freunden am Ziel ankommt. Die Szenenreihe ängstigt die kleineren und größeren Zuschauer, weil Ameley sich zu immer neuen Aufenthalten verführen lässt; andererseits machen die Aufenthalte auch fröhlich, weil sie jeweils mit einem Gewinn an Menschlichkeit verbunden sind. Deshalb wird das vorgestellte Märchen zum Zauberstein für immer neue Verwandlungen und immer neue Theatersituationen. Auf der Wanderung in den Munkeleulenwald Munkelwust schließen sich dem Mädchen Ameley Weggefährten als Freunde an: eine Birne, ein Kürbis, der Biber, das Hündchen Schino Taleander und eben der »verwirrte König« (auf dem Dach). Drei Geschenke der wundersamen Fee Loreley, ein goldener Kamm, ein goldener Fingerhut und ein flüssiges Zauberkleid, begleiten die Heldin im zweiten Durchlauf (von der Eule mit dem gewonnenen Honigtopf) zurück zum Haus der Stiefmutter bis zum glücklichen Ende des Stückes. Die Form eines als zeitliches Nacheinander aufgebauten Stationendramas ist gut erkennbar. Das Lied, das die Amsel zu Beginn des Stückes singt, nimmt in verschlüsselter Form den Inhalt und die Stationen des Ganzen vorweg. Wenn alle Figuren des Stückes zuletzt noch einmal im Präteritum das Lied der Amsel wiederholen, ist jeder Satz des Textes und des Stückes enträtselt. Auch die größte Gefahr kann bestanden, das Dunkelste kann erhellt werden. Selbst der König, dessen Verstand zerrüttet war, findet am Schluss nicht nur seine Tochter und im Biber seinen Schwiegersohn, sondern auch sein Gedächtnis und seine Fassung wieder.

An den dramaturgischen Wendepunkten des Erkennens und Wiedererkennens begreifen wir als Leser, Zuhörer, Zuschauer, Kinder, Erwachsene die besondere Eigenart der Dorst'schen Märchenkonstruktionen. Die Zeit drängt, die Spannung steigt von Szene zu Szene, doch die zuschauenden Kinder lernen innezuhalten, indem sie merken, wie wichtig es ist, anderen zu helfen. Die jugendlichen Rezipienten verstehen die Sehnsucht etwa der Kürbisfigur nach Verwandlung in ein wunderschönes Schloss, die Sehnsucht der Fee Loreley nach der Tiefe der Brunnen und nach der Freundschaft von Menschenwesen, die absurde Verlassenheit des verwirrten Königs genauso wie die Sehnsucht der »reifen Birne« nach dem Aufgefressenwerden. (Letzteres mündet in den Wunsch des Geheimen Rates, diese Birne vor Liebe zu verzehren). Die eigentlich bösartigen Figuren wie die Ziehmutter und die Halbschwester, die vor Zorn in die Luft gehen und buchstäblich in tausend Stücke zerspringen, werden ebenso in den Kontext des Ganzen eingefügt. Die beiden Negativfiguren erhalten als Strafe für ihre Ausbeutung der Natur und ihre Unmenschlichkeit gegenüber Ameley eine allzu gerechte Strafe am Schluss des Stückes. Die Bösen, die Angst erregenden, die scheinbar obszönen, in Wirklichkeit den Kindern sehr gut verständlichen Figuren, die eigentlich positiven Figuren mit ihren liebenswürdigen Schwächen und sozialen Vorzügen des Schenkens und Helfens, eilen in einer Dramaturgie der Zeitraffung ihrer jeweiligen Bestimmung zu. Sie werden vernichtet, verwandelt oder wenigstens – wie das Hündchen – in ihrer Rolle bestätigt.

Dilldapps Glück (»Wie Dilldapp nach dem Riesen ging«)

Auch im zweiten Märchenstück in Brentanos Manier, »Wie Dilldapp nach dem Riesen ging« (1994), schließt Dorst mit wunderbaren Erfindungen die Lücken, die Brentano in seinem Kunstmärchen von »Dilldapp« hinterlässt. Wiederum schont das Kinderstück die jugendlichen Zuschauer nicht. Statt Ameley, der hilfreichen Trödlerin im Zwang der Zeit, finden wir in »Dilldapp« einen eher einfältigen Bäckerjungen, dessen Name Programm ist. Auch die Prinzessin, die von Anfang an ein Auge auf Dilldapp geworfen hat, ist von der Naivität einer Märchenfigur geprägt. Die Figuren des Märchens sollen wie die von Dorst so geliebten Marionetten kein Innenleben, keine Psychologie entwickeln.[22] Doch der Theatermagier Dorst arbeitet im Falle des »Dilldapp« mit einer ausgefeilten Dramaturgie der Kontraste. Dilldapp, der Naiv-Ehrliche, bekommt als Gegenfigur Kalle, den unverschämt großmäuligen, grobianischen Angeber. Dadurch lernt Prinzessin Lenchen zu unterscheiden, ob einer ein Angeber oder eine ehrliche Haut ist; ihr Herz schlägt ja ohnehin von vornherein für Dilldapp, doch ihr Verstand stärkt ihre Klugheit und führt sie zu begründeten Entscheidungen. Zur Dramaturgie dieses Stückes gehören jedoch auch die Figuren, die durch vielfältige Kontraste komisch wirken und deren komische Wirkung die jugendlichen Rezipienten erfreut.

In der Eröffnungsszene von »Dilldapp« lässt Dorst z.B. der Figur des Schluri und ihrem trotzigen Durchsetzungswillen zunächst ihren Lauf. Schluri stellt sich vor den Augen der zuschauenden Kinder mit seinem Lügenhut selbst bloß, d.h. er erscheint als kindisch. Reine Hirngespinste wie Schluris Behauptung: »Eines Abends ging die Sonne auf« – das können die Kinder selbst erkennen – sind falsch und albern. Am immer heftiger rauchenden, glühenden, schließlich verglühenden und von Schluri – da von Zuschauern durch den Hut ertappt – wütend zertrampelten Hut erkennen die Zuschauer, wie Schluri immer wieder ins Lügen verfällt: *»Der Hut glüht, dampft, knallt. Schluri reißt ihn vom Kopf.* ›Jetzt reicht's mir mit dem verdammten Hut!‹ *Er wirft den Hut auf den Boden und trampelt darauf herum.* ›Herrlich ist es ohne Hut! Wenn die Sonne so schön auf das lockige Haar scheint!‹ *Er streicht sich über die Glatze, der Hut pufft noch einmal, sinkt dann endgültig in Asche.«* Jetzt kann Schluri ungestört weiter fantasieren – die Zuschauer müssen feststellen, ob er lügt oder nicht. Die Eingangsszene endet mit Schluris Behauptung: »Um die Ecke kommt ein grüner Hund.« Es läuft ein blauer Hund vorbei, die drei Tanten fegen herein und korrigieren nicht nur um des Reimes willen: »Der Hund ist blau, das sieht man doch genau!« Überdies wird Schluri auch noch zum Chronisten des Stückes, der selbstverständlich lieber alles, was an dramatischen Ereignissen über den König, dessen Tochter und Dilldapp hereinbricht, verdrehen würde, wären da nicht das Requisit Lügenhut und Onkel Eduard davor; Hüte fliegen von den Köpfen (bei Schluri Köpfe von den Hüten) – der Riese bedroht mit seinen Husten- und Niesanfällen die Stadt und ihre Bewohner. Doch einer zieht aus, um den Riesen zu besänftigen. In den Augen des »Knallkopfes« Kalle ist Dilldapp so dumm, dass er sich nicht einmal vor dem Riesen fürchtet. Aber genau diese Haltung und die Hilfsbereitschaft Dilldapps bringen die Wende: Dilldapp hilft den Tieren, verschenkt Socke, Sieb und Meterstab und bringt in seiner Furchtlosigkeit den Riesen zum Lachen, der ihm überdies noch einen goldenen Ring schenkt. Kalle ist längst aus Angst geflohen, will jedoch die Belohnung ergattern: »Des Tapferen Belohnung sei Prinzessin, Schloss und Frühstücksei.«[23] Natürlich – wir sind im Märchen – wird am Schluss der Richtige belohnt (auch wenn er Kalles englische Brocken nur nachahmen kann). Beide Stücke zeigen das Verständnis des Autors für Kinder als Theaterpublikum.

Dorst nützt den Reiz des Kinderstückes, wenn er sowohl seine jungen als auch seine älteren Figuren ungebremst impulsiv handeln lässt, d.h. sie den kindlichen, körperlichen Lustgefühlen gehorchen lässt, die sonst im Leben der Erwachsenen nur mühsam unterdrückt oder durch die Vernunft in Grenzen gehalten werden. Im Kindertheater von Tankred Dorst geht es also nicht nur um die Welt von Feen, sprechenden Tieren, Riesen, sondern es geht in erster Linie darum, in immer neuen Abenteuern diese Krisen zu bewältigen. Ameley und Dilldapp lösen auf ihre Weise die Aufgaben, die auf sie als künftige Prinzessin oder als künftiger König warten. Und sie werden auch in Zukunft – nach dem Ende der Stücke also – immer wieder neue Situationen zu bewältigen haben. Auch andere Figuren sind gefordert, wenn die Prinzessin im »Dilldapp« Hilfe braucht, oder wenn der alte König noch manches falsch macht. Die Kinder sehen sich also nicht mit einer ihnen unbegreiflichen, feindlichen Erwachsenenwelt konfrontiert, selbst wenn sie noch so aggressiv und lächerlich sind, wie Frau Wirx, Murxa oder die drei Meckertanten. Die Kinder können vielmehr anschaulich verfolgen, wie auch die Erwachsenen ihre Probleme besitzen, wie diese Probleme nicht grundsätzlich andere sind als ihre eigenen und wie diese Probleme immer wieder bewältigt werden müssen.

Den eigentlichen Weg zur Lösung der Probleme können Ameley und Dilldapp allerdings nur alleine gehen. Sie lassen sich mutig auf ihre persönlichen Abenteuer ein, reagieren beide verantwortungsbewusst altruistisch, so wie Erwachsene eben nicht unbedingt handeln würden. Ameley soll den Honigtopf holen, aber sie hält sich zu lange auf, hilft immer wieder neuen Gefährten und versucht sie mitzuschleppen; sie gerät dadurch schließlich in die größte Gefahr und Dunkelheit, so dass ihr die Eule fast den Kopf abreißt. Auch Dilldapp, der Bäckerjunge, der der Königstochter einen Kuss gegeben und gemeinsam mit ihr Zimtsterne gegessen hat, verschenkt die Gegenstände, die er für die Besänftigung des Riesen unbedingt benötigt. Er verschenkt sie anderen, die sie angeblich brauchen und erkennt mit Schrecken, als er vor dem Riesen steht, dass er nun ohne Hilfsmittel nur auf sich selbst angewiesen ist. Aber Ameley und Dilldapp haben sich – wenn auch ein bisschen taumelnd – traumwandlerisch auf etwas Wichtigeres und Größeres verlassen, das sie intuitiv einsetzen: auf ihre tiefer sitzende Menschlichkeit, auf die Eigenart, schenken zu können, sich selbst und das, was sie haben, weitergeben zu können: auf ein natürliches Prinzip also, das am Ende gewinnt. Die Kinder aber, die im Theater sitzen, werden sich in ihrer Identifikation für Ameley und Dilldapp zur durchaus zeitraubenden und anstrengenden Eigenverantwortung aufgerufen fühlen und dadurch gleichzeitig ihr eigenes Selbstbewusstsein stärken können, so wie die Helden auf der Bühne ihren eigenen Weg gefunden haben. Dieses Prinzip des Schenkens und der Offenheit, und das ist ein liebenswürdiger Einfall des Autors, möchte Tankred Dorst auch über das Ende des Theaterstücks hinaus verwirklicht sehen. Zum Beispiel, wenn er den König am Schluss von »Dilldapp« allen Kindern im Theater Zimtsterne versprechen lässt. Das Theater, so sagt uns der Theaterautor Tankred Dorst, kann zwar von Riesen, von Eulen, die den Kopf abreißen, sprechen, aber mit einer kleinen Geste kann es den Kindern ein Riesengeschenk machen. Im Gegensatz zu den Erwachsenen, die sich wenig ändern, sich wenig direkt entäußern können, überwinden die Figuren der Kinderstücke stellvertretend für die Kinder im Theater ihre Ängste und Befürchtungen und lassen sich und den anderen Zeit, obwohl die Zeit sie drängt. Die Anstrengungen der Hauptfiguren Ameley und Dilldapp, aber auch der überaus reizvollen Nebenfiguren der beiden Stücke, sind nicht vergeblich: Am Ende nämlich leuchtet das Glück der Liebe und eines gemeinsamen, lustvollen Wirkens. Das Schloss, das Held und Heldin gewinnen, bezeichnet auch die gesellschaftlich tätige Verpflichtung; das Frühstücksei des Siegespreises aber ist nicht nur ein Symbol der Fruchtbarkeit, es schmeckt auch gut und gibt Sinnesfreude. Betrüger wie der in »Dilldapp« auftretende angeberische Kalle können so etwas nicht genießen. Und in »Ameley« umschreibt der Autor für die Zuschauer, was Schloss und Königskrone bedeuten: nicht Gold und Edelsteine allein; der Kürbiskern entfaltet sich und wird zum Schloss, also die Natur selbst ergibt Sinn und Schönheit. Dilldapp, der zunächst dumme Bäckerjunge, fühlt sich in die Wünsche und in das Wesen des Riesen genauso ein wie in die Nöte von Schnecke, Perlhuhn und Igel; er erkennt im Riesen die verletzbare und gefährliche Größe der Natur, die er jedoch besänftigen und überwinden kann, indem er direkt und ohne Unterwürfigkeit seine eigenen bescheidenen Grenzen annimmt. Er kann den Riesen davon überzeugen, er kann den Riesen zum Lachen bringen, er kann den Riesen auf seine natürliche Form reduzieren und so lange hinhalten, bis eine neue Zeit kommt.

In beiden Kinderstücken wird deutlich, dass Tankred Dorst nicht als Epigone zu betrachten ist. Hier ist ein Stückeschreiber mit seiner Mitautorin am Werk, den wir als Geistesverwandten Clemens Brentanos erkennen können. Selbstironie und Eigenparodie finden sich beim älteren und neueren Autor ebenso wie ein ausgeprägtes Kunstbewusstsein, das die Spannungen der Postdramatik und einer erweiterten Dramaturgie ebenso ausgestaltet wie die Montagetechniken des frühen 20. Jahrhunderts oder des Films. Es erscheint deshalb als überflüssig, bei beiden Autoren und zwischen beiden Autoren nach den Wurzeln des einen oder anderen grotesken oder arabesken Märcheneinfalls zu graben. Tankred Dorst dichtet vielmehr dort weiter, wo Clemens Brentano innehält. Tankred Dorst

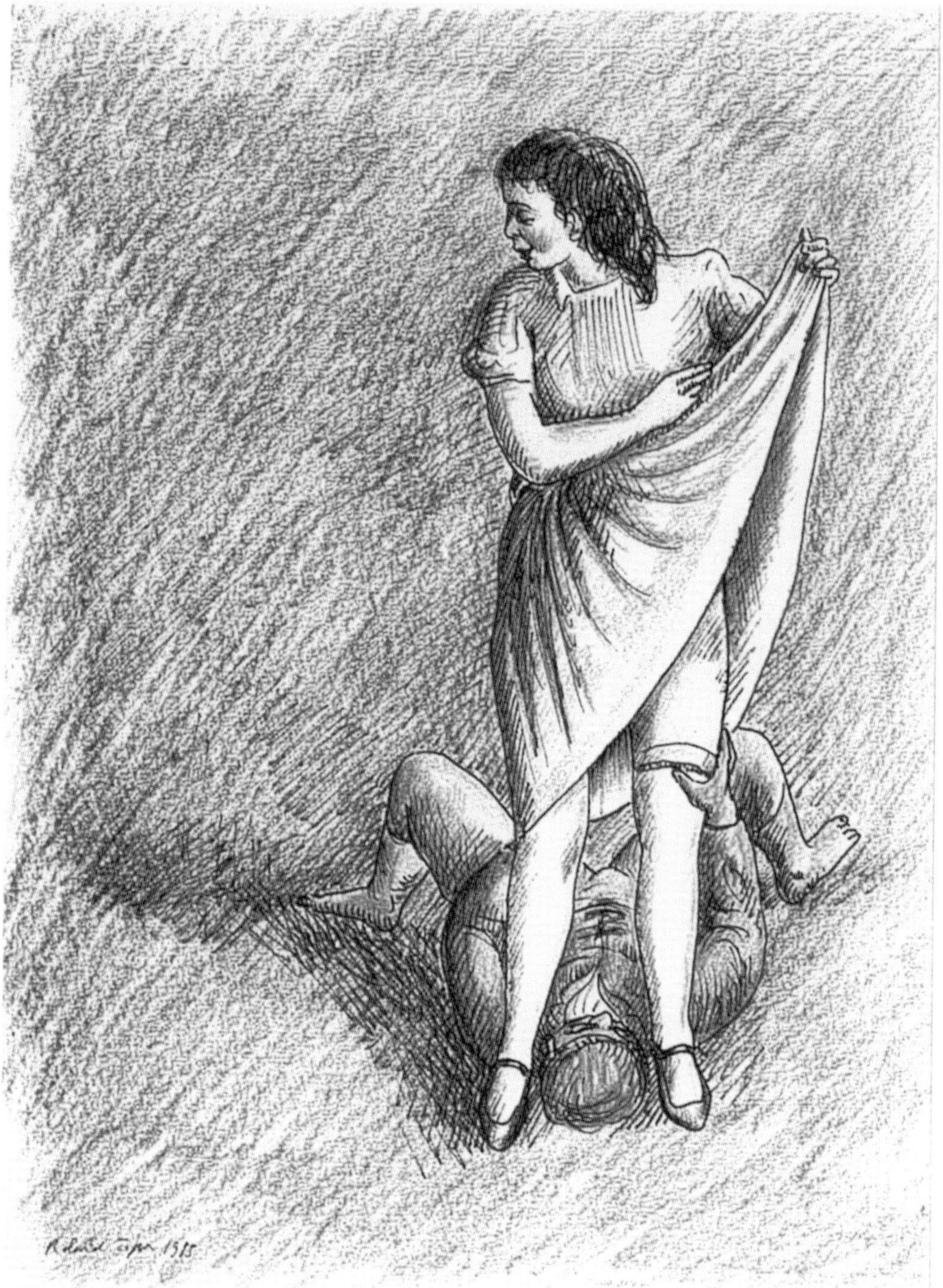

»Komm mal näher! Komm mal ganz nah heran! Leg dich auf den Boden vor mir. Jetzt zeige ich dir die goldenen Haare.« »Grindkopf. Libretto für Schauspieler«. Zeichnung von Roland Topor.

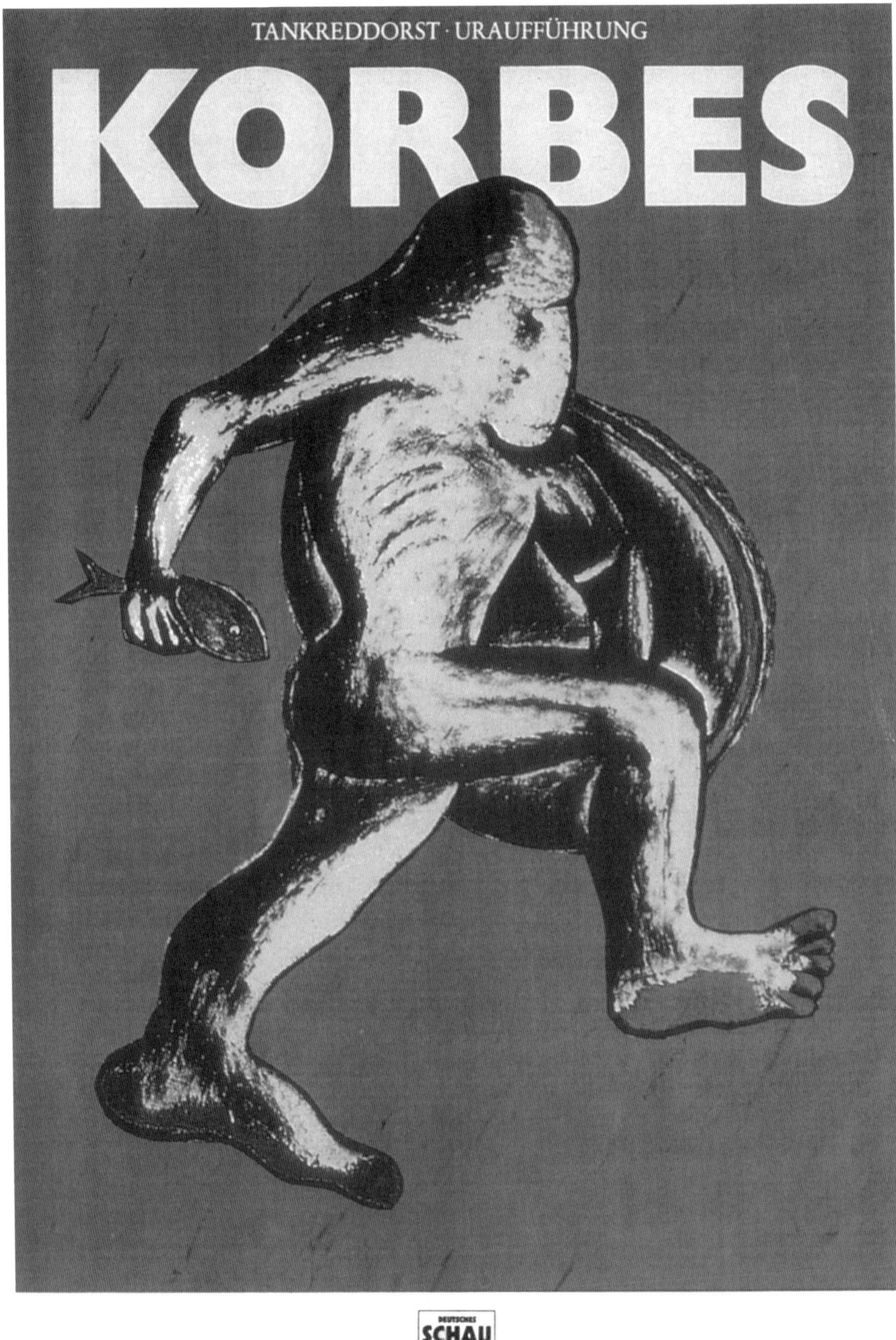

»Korbes«, Plakat der Uraufführung.

und Ursula Ehler zaubern dort weiter, wo Clemens Brentanos Magie im Makabren endet. Das bedeutet: Ohne Clemens Brentanos witzige Einfälle wären die Fantasiestücke Tankred Dorsts so nicht konstruiert worden. Tankred Dorst hat seine poetischen Verfahrensweisen im Anschluss an die Fantasierlust Clemens Brentanos deutlich thematisiert und ausgeführt. Er selbst verweist auf Clemens Brentano, den vermeintlichen Exzentriker, den Zerrissenen, den Wunderhornisten und frühen Bohemien, der trotz Hans Magnus Enzensbergers bahnbrechender Studie von 1961 immer noch verkannt wird.[24] Schon bei Clemens Brentano wurde die Figur der »Loreley« in einem Rheinmärchen zur »Tochter der Fantasie«. Die Zauberin und Hexe des Gedichtes »Lore Lay« verwandelt sich zur guten Brunnenfee, die ein armes Hirtenmädchen (das Murmeltier; bei Dorst Ameley) rettet und diesem Mädchen zum Schluss-Glück des Märchens verhilft. Die märchenbeschworene Fantasie könnte diejenige der Dichtung und Kunst selbst sein, verderblich allerdings in ihren radikalen Kunstforderungen und ihrer Schrankenlosigkeit, die alle Grenzen zwischen Kunst und Natur, zwischen Kunst und Leben aufheben kann. Die Märchenfiguren, die Tankred Dorst aus Clemens Brentanos Märchen übernimmt, werden in einer Art Reihentechnik mit dazu erfundenen Figuren kombiniert. Zu den von Clemens Brentano übernommenen Figuren wie Ameley, Wirx und Murxa, dem Biber, der hier ein anderes Relief erhält, treten Figuren, die aus Dorsts »Erfindungsbaukasten« stammen: der Kürbis, die reife Birne, der Hund, aber auch der verwirrte König, dessen Eigenart in einer postmodernen Variation einer Königsfigur liegt. In den Märchen der Brüder Grimm kommen verwirrte Könige selbstverständlich nicht vor. Ähnlich ist es bei »Dilldapp«: In diesem Text sind verschiedene Figuren aus den Märchen Clemens Brentanos entnommen, andere sind frei hinzu »konstruiert«. Da wären zum Beispiel die Figur der Königstochter oder die Figur des Königs; Dorst variiert jedoch diese Figuren, indem er ihnen zur Oberflächenstruktur neue Tiefenstrukturmerkmale »eingraviert«. So wird der König zum Ratgeber, zum nervösen Begleiter der Handlung und ändert damit seine Flächenhaftigkeit aus dem Volksmärchen. Dazu erfunden und dazu genommen sind weitere fantastische Figuren wie Onkel Eduard oder die drei Tanten, die jeweils die Handlung mit Kommentaren und entsprechenden Wertungen in Reimform versehen. Typisch ist auch die Veränderung der Figur des Riesen. Der Riese erscheint im Volksmärchen als eindimensionale, fürchterliche Figur. Bei Dorst bekommt er menschliche und groteske Züge. Die beiden Hauptfiguren sind ohnehin neu konzipiert und leben vom Kontrast zwischen dem dümmlichen Bäckerjungen und dem unverschämten Kalle. Die neu konstruierte Form einer Kinderstückdramaturgie entspricht einer hochreflektierten Auseinandersetzung Tankred Dorsts mit dem gesammelten Erzählmaterial, einer akzeptierten Aufgabenstellung (»Brentanos Rheinmärchen neu erzählen«) und einer bewussten Ausrichtung der dramaturgischen Prinzipien von Komik und Reimtechnik auf ein kindlich-jugendliches Publikum. Aber Tankred Dorst hat sich auch von den eben erwähnten Märchen der Brüder Grimm anregen lassen. Wie sieht seine Haltung zu den Grimm'schen Märchen aus? Denn »Ameley« und »Dilldapp« fehlt das Moment des Scheiterns, wenn es auch immer wieder droht auf ihrem gefahrenvollen Weg voller Einflüsterungen und Ablenkungen.

Auf den Spuren der Brüder Grimm: Wege zum Ich und in die Finsternis (»Grindkopf« und »Korbes«)

Tankred Dorst bezeichnet seinen Textentwurf zu »Grindkopf« als Märchenlibretto, als »Libretto für Schauspieler«. Wir finden also keinen reinen Theatertext, sondern eine mit

Dialogen durchsetzte Erzählung, die filmische Partien enthält. Das Grimm'sche Märchen vom »Eisenhans« dient hier als eine Bearbeitungsgrundlage und ist auch in den gleichnamigen Film von Tankred Dorst eingegangen. Doch Tankred Dorst verändert in einem erweiterten dramaturgischen Zugriff die Vorlage des Grimm'schen Textes.

Das bedeutet nicht nur eine Umsetzung der im Märchen erzählten Handlung in szenisches Geschehen. Die Tiefenstrukturen nehmen andere Formen an. Dorst versucht, in seiner Werkstattdramaturgie Lücken zu schaffen und so Räume für die Fantasie des Zuschauers offen zu halten. Es muss etwas geben im Grimm'schen Märchen, das einen Blick ins Dunkle, ins Geheimnisvolle freigibt. Dorst ist der Auffassung, dass auch im Leben nicht alles klar motiviert ist. »Wir nehmen ja vom Leben auch nur Fragmente wahr, kleine Ausschnitte, nicht das ganze Leben. Ich mag es, wenn Dinge offen bleiben. Das ist vielleicht rätselhaft und manchmal auch ärgerlich, aber ich schaffe da einen Raum, wo plötzlich ein Durchblick in etwas Dunkles entsteht.«

Durch derartige Lücken vermischen sich Märchenhaftes (aus der Vorlage) und Realistisches. In der Verbindung des Märchenhaft-Fantastischen mit dem Realistisch-Psychologischen liegt der Ausweg, die Autonomie des Theaters und der Kunst gegenüber der platten Tagesrealität durchzusetzen. Dadurch erscheinen die so durchsetzten Märchen auf den Brettern, die die Welt bedeuten, welthaltiger, farbenreicher, aber auch wunderbarer. Tankred Dorst hat gerade im »Grindkopf« die Grimm'sche Vorlage deftiger, dunkler und trauriger ausgestaltet. Die neu eingeführte Figur des Abenteurers führt zur Gefangennahme des Eisenhans, der aus dem dunklen Wald in das geheimnisvoll dahindämmernde Schloss gebracht wird. Der Prinz erscheint von Anfang an gefangen in seinen Haltungen: Die äußeren Merkmale der Enge und Einschnürung sind Zeichen seiner inneren Gefangenschaft durch die überängstlichen »uralten« Eltern. Von Anfang an ist der Königssohn »gefangen«: ein ernstes Kind, mit starren Kleidern, in Spangen verschlossen, mit Bändern verschnürt, in eine Mütze gezwängt. Die Auflösung der Grimm'schen Strukturen in Richtung des Heidnisch-Dämonischen lässt sich fast auf jeder Seite des Spieltextes nachweisen. So werden die Eltern von ständiger Angst geplagt. Eisenhans selbst wird zum Dämon mit ungeheuren Haaren, die wie Baumstämme aus dem Wasser aufragen. Die Konturen des wilden Mannes, eines Riesen, werden hier ins Groteske erweitert. Selbst der schweigende dunkle Wald erstarrt im Schrecken. Und Grindkopf selbst? Er findet – anders als im Grimm'schen Märchen – nicht direkt und ohne Umschweife zur Prinzessin und zu seinen Eltern zurück. Hier werden die seelischen Nöte und Ängste des Kindes und der jungen Leute deutlich ausgespielt. Die Schattenseiten der Pubertät sind sehr viel deutlicher hervorgehoben, als es jedes Grimm'sche Märchen andeuten könnte. Das geglückte Leben der Vorlage wird zur Absage an jede Utopie und zum Abgesang eines leicht erreichten Glückes.

Deshalb ist es nur konsequent, dass das verängstigte Kind Eisenhans befreit, ihm in den Wald folgt, dann aber doch unschuldig schuldig wird. Das Kind übertritt das Verbot des Eisenhans, lässt die Haare ins Wasser fallen und muss von nun an sein auf wunderbare Weise vergoldetes Haar unter einer Mütze verbergen. Dorst macht den Prinzen des Märchens zum Grindkopf. Das Kind setzt die Mütze nie ab, weil es ein Grindkopf sein will. Verspottung, Verfolgung, »Dunkles« sind die Folge. Grindkopf verdingt sich als Gärtnergehilfe an einem fremden Hof; Dorst macht den dazu erfundenen Gärtner zu einem Finsterling, der überall Unkraut sät und modernden Schimmel züchtet. Die Umgebung der

Königstochter wird ebenfalls mit einer pubertär-sexuellen Schicht überzogen: Drei sextolle Schwestern, deren Männer von ihnen beseitigt wurden, ergänzen das Personal. Die Prinzessin, die Grindkopf anziehend und abstoßend zugleich findet, behauptet, auch sie besitze goldene Haare – sie zeigt sie dem Jungen unter ihrem Rock. Die Nöte der Selbstfindung im Jugendalter werden von Szene zu Szene gesteigert; manches ist in Regieanweisungen angedeutet, anderes in einer Art Drehbuch vermerkt, nur wenig ist im Dialog ausgeführt. So verhilft Eisenhans, der unheimliche Waldmensch, Grindkopf zum Sieg im Krieg und zum Triumph über die Freier der Königstochter. Als der Prinz die Prinzessin heiratet, ist Eisenhans in der Natur verschwunden. Der Junge, der seinen Namen vergessen hat und nun den Namen Felix, der Glückliche, annimmt, hat seinen Helfer und guten Geist verloren. Er erlebt keine Wunder mehr, kann er die durchlittenen und auf der Bühne gezeigten Qualen der Pubertät vergessen? Kann das Paar vergessen, dass die beiden »als füreinander bestimmtes Paar« »wie Schlachttiere«[26] weggeschleift wurden? Die Hofgesellschaft »stürmt rasend und kreischend« hinter den beiden Märchenfiguren her, die in der Dorst'schen »Verdunkelung« als Opfer erscheinen. »Starr wie zwei Puppen« standen Königssohn und Prinzessin beieinander; werden sie die dem Text eingebrannte Enge je überwinden?

Tankred Dorst und Ursula Ehler haben aus der spröden Geschichte der Brüder Grimm ein finsteres Stück für Jugendliche gemacht: voll von »Todesträumen« der Alten, voll Grausamkeit, Erotik und pubertärer Not.

»Matthäus-Passion. Eine vollkommen finstere Geschichte, ohne Licht, ohne Hoffnung«, notierte Dorst, als das Stück »Korbes. Ein Drama« (1988) noch »Finsternis« hieß. Es hat wie die meisten der Dorst'schen Theaterstücke eine relativ lange Entstehungszeit. Auch hier stellt Dorst die Frage: Gibt es das Böse überhaupt und »wie ist es, wenn ich mich nicht ideologisch einschwenken will, zu erkennen, zu beschreiben?« Korbes ist wie ein zweiter Jago nicht böse geworden, sondern er ist einfach böse. Es ist müßig, nach dem Motiv zu fragen, warum diese Figuren böse sind. Dorst konzipiert die Korbes-Geschichte als Fragment; er sieht »kurze, harte Szenen ... ohne psychologische oder soziologische Erklärung«. Kein Drama im konventionellen Sinne, mit einer Dramaturgie, die erklärt, dass ein Mensch, der blind wird, zu innerer Einsicht kommt, kein Stück, das davon ausgeht, dass der Mensch von Natur aus gut ist und nur die Verhältnisse daran schuld sind, dass er es nicht sein kann... Dorst hat »Korbes« fixiert, als ob es ein Märchen wäre, wahrscheinlich mit der Absicht, die Geschichte vom Dorfmilieu zu befreien, um »den Blick frei zu machen auf etwas Anderes«. Der Inhalt könnte so skizziert werden: An einem Ort irgendwo auf dem Lande lebt ein böser Mann, vor dem sich alle Leute fürchten. Die Frau starb, die Tochter lief fort in die Stadt. Auch ein Witwe aus dem Nachbardorf behandelte er schlecht, so dass sie sich entfernte. Eines Tages wacht Korbes in seinem Bett auf, über Nacht ist er blind geworden. Er steht auf und brüllt: »Ich sehe nichts, ich sehe nichts, alles ist schwarz!« Weil er nichts sehen kann, fällt er die Treppe hinunter und kriecht auf allen Vieren. Dorst erfindet dazu eine Tochter, die den Mann, ihren Vater, zu pflegen versucht. Aber auch nach ihr tritt er mit dem Fuß und sie schimpft ihn aus. Doch sie hat am Schluss keine Angst mehr vor ihm und lässt es ihn büßen, dass sie bei ihm bleiben muss, sie kehrt zu ihrem Mann nicht mehr zurück. Sie quält ihn Tag für Tag, bis er gestorben ist.

Die so konzipierte Geschichte bleibt liegen. Erst später findet Dorst im Märchen »Herr Korbes« nicht nur den Namen für die Hauptfigur, den »bösen Mann«, sondern auch die

Lösung für die dramaturgischen Leitlinien des Stückes. Im Märchen wird Korbes das Opfer von Tieren und Gegenständen, die in sein Haus eingedrungen sind. Von ihnen erzählt das Märchen. Die Katze wirft Korbes Asche, die Ente Wasser ins Gesicht, das Ei zerbricht und klebt ihm die Augen zu. Den blind gewordenen Mann sticht die Nähnadel in den Kopf. Zuletzt schlägt ein herabspringender Mühlstein Korbes tot. Der letzte, von den Brüdern nachgeschobene Satz vermutet: »Der Herr Korbes muss ein recht böser Mann gewesen sein.«

Dorst konnte jetzt eine der entscheidenden Szenen des Stückes schreiben: Korbes wird blind. Die Requisiten des Theaters werden lebendig und sind gegen ihn. Er stößt überall an, stürzt und rast in hemmungsloser Wut gegen die Welt. Er hasst die Menschen und sich selbst. In seiner Blindheit wird er verhöhnt und verlacht. Am Ende, als er frierend nach Sonne und Licht verlangt, zerrt die an ihn hoffnungslos gekettete Tochter den Vater wieder zurück in den kalten Schatten. Auch das letzte der insgesamt einunddreißig Bilder des Szenenreigens ist voll von ungeheurer Leere und Lieblosigkeit: Aus der regionalen Skizze, aus dem Märchen mit »dem Hinweis auf einen recht bösen Mann« ist ein finsteres Drama ohne Licht und Hoffnung geworden.

Dorst legt über diese dunkle Geschichte eine »andere Welt«, die Brockes-Passion von Georg Friedrich Händel. Sie bildet den Kontrapunkt zu der Handlung, die mit der Figur des Korbes überschrieben ist. Wie im barocken Theater treten die Personen der Passion auf: die Gläubige Seele, die Tochter Zion, Christus der Schmerzensmann, der Evangelist. Sie bewegen sich in der Welt des Korbes und handeln und singen ihre Arien und Rezitative, was die Zuhörer hören und sehen können und was Korbes allein nicht sehen und hören kann. Korbes nimmt die Gegenbewegung des Stückes nicht war. Das Ineinander von »Korbes«-Geschichte und Passion erzeugt eine besondere Bewegung. Vermutlich wäre die Geschichte von Korbes allein nur schwer zu ertragen, gäbe es nicht die Passionsgeschichte, die das Ganze in einen Zusammenhang mit der Aufklärung und der christlichen Erlösung stellt.

»Korbes« verbindet in einer Montage-Dramaturgie Weltall und fränkische Provinz, Barocktheater und Gegenwartsszene, Mysterienspiel und Märchen miteinander. Die Passionen des Gottessohnes und des brutalen Menschensohnes bleiben getrennt. Jesus schreit in seiner Todesangst nach seinem Vater – Korbes brüllt nach seiner Tochter, die er hasst und die ihn ebenso hasst. Nur in den Köpfen der Zuschauer können die Ebenen, Zeiten und Ausdrucksformen eine Verbindung eingehen, auf der Bühne gibt es keine Verbindung zwischen der christlichen Welt und ihrer Heilserwartung und dem vor Schmerz erstarrten Korbes. Das Stück ist damit als »der von Gott verlassne Stoff der Welt«[27] weit von den Kinderstücken in Brentanos Manier entfernt.

Die behandelten Fantasiestücke zeigen Dorsts Interesse an der Geschichtlichkeit der Menschen, die er von Anfang an reflektiert. Die Wahl seiner Stoffe zeigt, dass dieser Autor an einem Stoff mit vielen Varianten arbeitet: an der Herkunft und Zukunft von Menschen, die er als handelnde Figuren auf die Bühne stellt. Auch in den Mythen- und Märchenfiguren liegt unsere Gegenwart und Zukunft beschlossen, ganz gleich, ob sie zum Schlussglück der Märchenstücke oder zur Ausweglosigkeit, zum Ende der Utopien der Märchenbearbeitungen führt. Für alle szenischen Einfälle findet dieser Autor immer neue Formen der Dramaturgie, die das Publikum unaufhaltsam in ihren Bann ziehen.

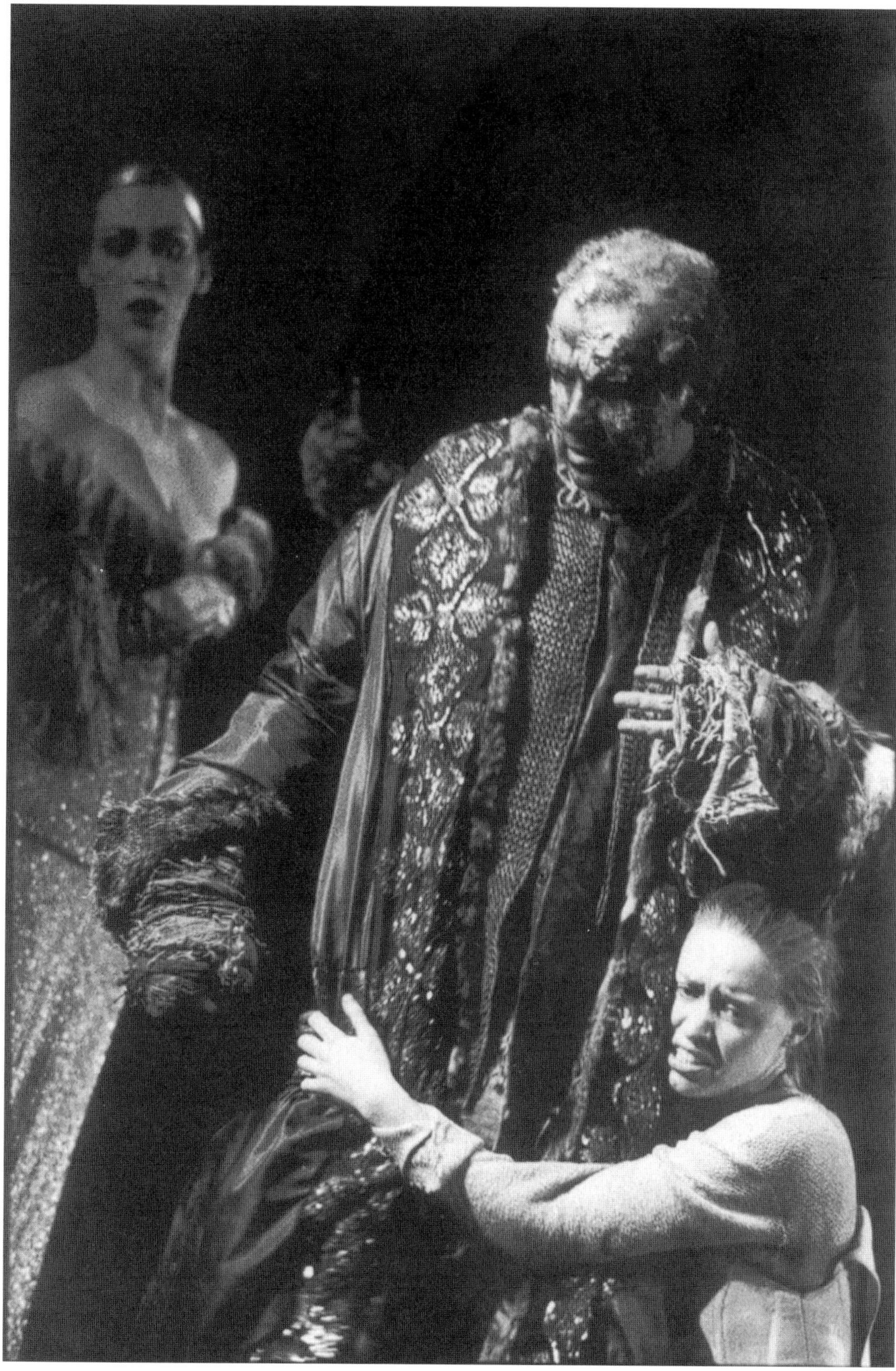

»Die Legende vom armen Heinrich«. Oper von Ernst August Klötzke, Libretto: Tankred Dorst. Szenenfoto.

Ernst August Klötzke
Über das Musikalische in der Sprache von Tankred Dorst – eine Annäherung –

Die Beleuchtung einer dramatischen Kunstsprache unter dem Aspekt ihrer musikalischen Anteile erscheint zunächst widersinnig und gleichzeitig redundant. Beide Disziplinen, Musik und Sprache, basieren auf dem gemeinsamen Parameter Rhythmus, beide sind durch melodische, dynamische und zeitlich/formale Kriterien Träger von Emotionen.
Der gewichtigste Unterschied liegt in der Möglichkeit des Gleichzeitigen mehrerer, sich ergänzender, unterschiedlicher und gegebenenfalls gleichberechtigter Stimmen, die allein der Musik vorbehalten ist. Dies, insofern die Sprache dazu dienen soll, im Sender-Empfänger-Modell möglichst eindeutig zu kommunizieren und verstehbar zu sein.

Und doch entdecke ich bei Dorst etwas, das unmittelbar mit der Gleichzeitigkeit mehrerer Stimmen zu tun hat. Es ist eine Mehrstimmigkeit, innerhalb derer in der einstimmigen Sprache mehrere Schichten mitschwingen. Hierfür gibt es einen musikalischen Terminus, nämlich den der »latenten Mehrstimmigkeit«. Er bedeutet, dass in melodischen Verläufen Konstellationen entstehen, anhand derer sich eindeutige Mehrklänge im Sinne des harmonischen Systems erkennen lassen.

Diese Latenz lässt sich aufgrund der Tatsache, dass das »Verstehen« von Musik im Sinne der Eindimensionalität des Kommunikationsmodells kaum realisierbar ist, nur modifiziert auf Sprache übertragen. Daher verwende ich den Begriff »Metaebene«. So wie in der Musik ein linearer, melodischer Verlauf harmonisch-rhythmische Synchronisationspunkte aufweist, die, aus dem Umfeld herausgelöst, ihre eigene Sinnfälligkeit (im Sinne einer Metaebene) beinhalten, so finde ich in Dorsts Texten ein nahezu gleiches Phänomen.
Um dies zu erklären, nehme ich einen kurzen Passus aus seinem Schauspiel »Die Legende vom armen Heinrich«. Das 15 Szenen umfassende Werk basiert auf Hartmann von Aues Versepos »Der arme Heinrich«. Der Kontext, aus dem der ausgewählte Abschnitt stammt, spielt für das, was ich aus ihm herauslesen möchte, keine Rolle.

Chor: Geräusche hören wir jetzt
vielfach, nur seine Stimme
hören wir nicht.
Der Chor lauscht angestrengt.
Wir lauschen und hören,
was sonst nicht zu hören ist.
(...)

Wird dieser Ausschnitt sehr langsam gelesen, so werden mehrere Metaebenen deutlich. Zum einen bildet die Mehrfachnennung des Wortes »hören« eine Struktur. Ich möchte hier nicht von einer Wortwiederholung sprechen, da sowohl die metrischen Positionen innerhalb der Zeilen und Sätze als auch die Wort- und Silbenumgebung eine immer andere ist. Das erste »hören« folgt einem Substantiv, ebenso das zweite. Dadurch, dass dieses aber in eine Negation (»hören wir nicht«) eingebettet ist, wird die gleiche formale Position aufge-

hoben. Dieses Prinzip wendet Dorst auch in den beiden letzten Zeilen an, allerdings unter anderen Voraussetzungen: Die metrischen Positionen von »hören« liegen in der ersten Zeile auf den Werten 4 und 5, in der dritten Zeile auf 1 und 2, in den Zeilen 4 und 5 jeweils auf Position 5. Diese gleiche Position wird wiederum durch die Negation des Wortes ausgeglichen. Musikalisch gesehen heißt das: Das nochmalige Erreichen eines schon dagewesenen Tones oder Klanges wird emphatisch durch eine Veränderung des inhaltlich/formalen Kontextes gesteigert. Diese metrische Metaebene lässt sich durch die Frage, welche Instanz was hört, noch erweitern. Zunächst »hört« die Instanz »wir«, die im Anschluss dann nicht hört. Wieder hört die Instanz »wir«, jedoch als Steigerung nach »lauschen«. Letztlich wird eine unverrückbare Instanz mit dem Wirklichen betraut: Was »wir« hören, IST nicht zu hören. So gestaltet Dorst eine Metaebene, die Wirklichkeit und Wunsch durch die genannten Veränderungen der formal/inhaltlichen Umgebung verbindet.
Diese Vorgehensweise ist per se eine musikalische. Bei der Betrachtung etwa der Solosonaten für Violine von Johann Sebastian Bach finden sich eben solche Phänomene: Bestimmte, harmonisch (also für die Metaebene) relevante Töne werden immer wieder exponiert. Dabei sind ihre rhythmischen und damit harmonischen Positionen im Sinne des jeweiligen Stadiums innerhalb der Kadenz anders.
Anhand der Position von »hören« lassen sich auch unterschiedliche Silbenzahlen zwischen den Zeilen rückschließen, als habe Dorst die Sätze um dieses Wort herumgebaut: Eine gleiche Anzahl von Silben impliziert unterschiedliche Perspektiven auf »hören«.

Eine weitere Metaebene erkenne ich in der Struktur der Wortklänge.
Bei Dorst existiert neben dem systemimmanenten Sinn der Wortbedeutungen auch ein Sinn des Gemeinten, des Möglichen, des »es könnte sein«, der sich im Klang der Worte äußert. Ich bleibe bei dem obigen Abschnitt. Der signifikante Klang der Zeilen wird durch die Reibelaute »sch« oder »ch« bestimmt. Diese Reibelaute stehen innerhalb der Zeilen auf nahen Positionen: entweder auf der 2., der 3. oder der 4. Silbe. Auch hier findet sich wieder das Prinzip: gleiche Position, anderer inhaltlicher Sinn.

Zeile 1:	1	2	sch	4	5	6	7
Zeile 2:	1	ch	3	4	5	6	7
Zeile 3:	1	2	ch				
Zeile 4:	1	2	sch	4	5	6	
Zeile 5:	1	2	ch	4	5	6	7

Die hier gezeigten metrischen Positionen signifikanter Laute sind symptomatisch für Dorst. Durch sie entstehen mehrere Schichten des Klingenden, die eine eigene Emphase transportieren, anhand derer seine Sprache erkennbar ist. Diese Schichten können als eine Form der Instrumentierung aufgefasst werden: Ein musikalisches Motiv – und alles, was sich daraus ableiten lässt – wird auf unterschiedliche Klangfarben verteilt. Die Art und Weise der Zuordnung ergibt sich vorrangig aus der Struktur des musikalischen Satzes. Die Klangfarben, die nicht Träger der vordergründigen Hauptstruktur (zum Beispiel einer ganzen Melodie) sind, haben ihren eigenen Sinnzusammenhang. So lassen sich etwa beim Hören des Bläsersatzes der Ouvertüre zu Mozarts »Die Zauberflöte« Rückschlüsse auf die melodische Linie ziehen, selbst wenn die Bläser daran nur partiell beteiligt sind. Andersherum ergeben sich aus Melodien (primär im Zusammenhang mit der kadenziellen Tonalität) Notwendigkeiten, bestimmte Tonfolgen auf andere Klangfarben zu verteilen.

Wichtig dabei ist, dass beide Sichtweisen sowohl einer formal/inhaltlichen als auch einer emotionalen Logik folgen.
Im Text scheitert der Versuch, anhand metrischer Positionen von Worten oder Lauten auf den formal/inhaltlichen Sinn rückschließen zu wollen. Eine emotionale Sinnfälligkeit bleibt jedoch ohne Zweifel erhalten: Der Klang der Worte in ihrem jeweiligen Zusammenhang transportiert gestisch etwas, das gemeint sein könnte.
Natürlich wird der Wortklang stark von seiner Vokalstruktur bestimmt. Auch in diesem Zusammenhang findet sich ein Dorst-typischer »Tonfall«, der erneut anhand des Ausschnitts aus »Die Legende vom armen Heinrich« dargelegt werden kann. Löst man die Vokale heraus, dann ergibt sich folgendes Bild unter Beibehaltung der Zeilen:

Zeile 1:	e	äu	e	ö	e	i	e
Zeile 2:	ie	a	u	ei	i	e	
Zeile 3:	ö	i	i				
Zeile 4:	i	au	e	u	ö	e	
Zeile 5:	a	o	i	u	ö	e	i

Die Farbtendenz der ersten Zeile geht vom »e« zum »e«, basiert also auf einer Farbgleichheit. Symptomatisch ist, dass Dorst in den Weg zwischen den beiden »e« mehrere Umwege einbaut: Er antizipiert nach dem ersten »e« das »i« (bis zu dessen Erscheinen am Ende die Tendenz wie eine Aufhellung wirkt), durch das (oi) in »Geräusche«. Auf das zweite »e« folgt ein Ausschlag in die andere Richtung, das »ö« stellt eine Abdunklung dar. Hierzu verhält sich die zweite Zeile wie eine Variante: Die Tendenz geht in Richtung einer leichten Abdunklung von »ie« nach »e«. Auch hier gibt es Umwege, im Sinne einer Steigerung diesmal über »a« und »u«. Wie ein Statement dazu wirkt die dritte Zeile. Mit dem einmaligen »ö« und dem zweimal erscheinenden »i« wird der Vokalklangrahmen der ersten Zeile umrissen. Die Dominanz des »i« wird ausgeglichen durch die in den Zeilen vier und fünf vorherrschenden dunklen Vokale.

Diese vokalen Färbungen wirken wie eine Klangfarbenmelodie. So, als würde jeder Ton (Vokal) von einem anderen Instrument gespielt. Die Richtungen der Aufhellung und Abdunklung stehen dabei in einem nahezu ausgewogenen Verhältnis zueinander. Diese Ausgewogenheit der klingenden Struktur findet ihren Widerhall im zugespitzten Aufbau der Sätze, deren Gehalt durch das Zusammenwirken der unterschiedlichen Parameter und deren jeweiliger Metaebenen bestimmt ist.

Die in dieser Annäherung genannten Punkte lassen sich auf nahezu alle mir bekannten Texte Dorsts übertragen. Das Musikalische seiner Sprache hat seine Wurzeln sicher nicht in der musikalischen Avantgarde. Vielmehr ist es die kadenzielle Dur-moll-Tonalität, die den spezifischen Tonfall seiner Sprache bestimmt. Zugleich ist diese Analogie nicht als Anachronismus zu verstehen, da die oft lapidaren Sätze in ihrer Rhythmik und Farbigkeit nicht den alten Mustern folgen. Vielmehr beinhaltet seine Sprache Gegenwart und Vergangenheit: Die Worte, Sätze, Inhalte (also das »Gesagte«) kommen aus der Gegenwart, der Klang, die Binnen- und Metastrukturen (also das »Gemeinte«) scheinen aus der Vergangenheit zu uns hinüber.

Rüdiger Krohn
Mythos, Märchen – und Metapher
Tankred Dorst und sein Spiel mit dem Mittelalter[28]

In Tankred Dorsts erstem Kinderstück »Ameley, der Biber und der König auf dem Dach«, das 1982 am Wiener Burgtheater uraufgeführt und seither häufig nachgespielt wurde, gibt es im ganz und gar märchenhaften, allemal unwirklichen Personal eine besonders merkwürdige Erscheinung: Unter den treuen Freunden der wackeren Ameley im Kampf gegen die bedrohliche Eule im Wald findet sich neben der reifen Birne und dem Biber auch ein sprechender Hund, an dem weniger seine artwidrige, wenngleich gattungskonforme Sprechfähigkeit verblüfft als vielmehr sein sonderbarer Name: Das wunderliche Tier heißt »Schino Taleander«.

Die Erklärung für diese absonderliche Benennung hat mit der Entstehungsgeschichte des Stückes zu tun. Dorst schrieb, angeregt durch Brentanos Rheinmärchen, die »Ameley« – zusammen mit seiner »Mitarbeiterin« (und Ehefrau) Ursula Ehler – 1979 während der Vorbereitungen zur Uraufführung des »Merlin«-Dramas und also noch ganz unter dem Eindruck jener Quellen, die er für das monumentale Artus-Spektakel gelesen hatte. Da seien ihm, so erläutert der Autor amüsiert, in der Erinnerung wohl ein wenig die Fakten durcheinander geraten. Denn hinter dem verballhornten Namen des Hundes verbirgt sich tatsächlich der unglückliche Minneheld in Wolfram von Eschenbachs »Titurel«-Fragment: Schionatulander. Bei dem Versuch, auf Wunsch seiner Geliebten Sigune einen wundersamen Hund, der nun freilich ganz anders: Gardevîaz heißt, wieder einzufangen, kommt er ums Leben und tritt in Wolframs »Parzival« nur noch als zunehmend verwesender Leichnam in Erscheinung.

Die Verwechslung, so beiläufig und drollig sie sein mag, ist signifikant für Dorsts sehr entspannten, spielerischen Umgang mit den Figuren, Texten und Motiven aus mittelalterlicher Tradition. Denn so wie das Märchenspiel »Ameley« in seiner phantastischen Fremdheit des Autors Abkehr von der damals noch dominierenden, realistischen Mitspiel- und Aufklärungsdramaturgie des »progressiven« Kindertheaters aus dem mächtigen Geiste der antiautoritären Bewegung markierte, so bedeutete die ganz und gar unzeitgemäße Hinwendung zur Sagenwelt, zu Märchen und Mythen des Mittelalters im »Merlin« einen wichtigen Wendepunkt auch in seinem übrigen dramatischen Schaffen. Er wolle das Theater als einen »Ort der Phantasie« bewahren, erklärte Dorst 1979 in einem Werkstattgespräch.[29] Dies erschien ihm um so notwendiger, als die Soziologie im »wissenschaftlichen Zeitalter« und namentlich während der nach-68er Jahre in ihrem bestimmenden Einfluss auf den zeitgenössischen Kulturbetrieb die Phantasie des Publikums verödet habe: »Alles hat man begründen, beweisen, dokumentieren wollen, darüber hat sich das Geheimnis verflüchtigt.«[30] Auch Dorst selbst hatte an der Entwicklung, die er nun zu überwinden trachtete, zunächst durchaus aktiv mitgewirkt: Über Jahre hatte er Stücke von psychologisierendem Kleinrealismus geschrieben, mit autobiografisch grundierten Bürger-Szenen zeitgenössische Kapitel einer nationalen Chronik dramatisiert (etwa in seinen »deutschen Stücken« und den verwandten Filmen der Siebziger Jahre) und sich auch stark vom dokumentarischen wie vom politischen Theater beeinflusst gezeigt, bis er sich dann mit seiner folgenreichen Entdeckung des Mittelalters und seinem bis heute wirksamen Konzept vom »realistischen Märchen« darum bemühte, auf der Schaubühne, die von den Autoren jahrelang als öffentliche Lehranstalt verstanden worden war, »den Verlust von Emotionen und Phantasie in uns wieder aufzuladen«[31].

Für solche Rückgewinnung ist und war das Mittelalter stets ein tauglicher und vielfach bewährter Einbildungsraum. Dass in der Vergangenheit ein Reservoir von Möglichkeiten für die Deutung der Gegenwart sowie für die Gestaltung der Zukunft liegt, haben neben Dorst auch andere Autoren verstanden, obschon er aus dieser Einsicht ganz eigene Schlüsse zieht. In den Siebziger Jahren entwickelten die Kulturschaffenden (übrigens nicht nur in Deutschland) ein auffälliges Interesse an historischen Gegenständen – sei es auf dem Buchmarkt, in großen Ausstellungen (wie vor allem der wegweisenden Staufer-Schau in Stuttgart 1977) oder in einschlägigen Akzenten der Medien. Allein mit dem Umschlag von der bis dahin vorherrschenden geschichtslosen Fortschrittsgläubigkeit in resignative Rück- und Nabelschau ist dieser Vorgang nicht hinlänglich erklärt, und überdies beschränkte sich die Entdeckung der Vergangenheit durchaus nicht auf das Mittelalter.

Gleichwohl dokumentierte sich gerade in der erkennbaren Vorliebe für jene Epoche, die früher einmal etwas steifleinen als »altdeutsche Frühe« bezeichnet wurde und namentlich im 19. Jahrhundert immer wieder als nostalgischer Fluchtort diente, ein prägendes Merkmal der Zeit: die Sehnsucht nach Überschaubarkeit, Harmonie und Ordnung, wie sie die – bei flüchtiger Betrachtung – so fest gegründet anmutende Struktur des Mittelalters, seine archaische Einfachheit und fraglose Gliederung zu garantieren scheinen. Mit solchen verklärenden Klischees einer versunkenen »Nachtigallenwelt« (Heinrich Heine), die in der romantischen Forderung von »Vergangenheit und Gegenwart in Eins« (Achim von Arnim) die wertsetzende Funktion des Alten betont und dabei gebunden ist an das Prinzip des Authentischen, hat Dorsts Verständnis des Mittelalters nichts zu tun. Seine Beschwörung der Vergangenheit zielt nicht auf die heilkräftige Rekonstruktion und annektierende Vereinnahmung des Gewesenen im Dienste einer wie auch immer flüchtigen Aktualität. Mithin erliegt er nicht der Versuchung, mittelalterliche Gegenstände in ihrer zeitlichen und kulturellen Ferne auf zeitlose, womöglich vertraute Konstanten zu befragen und ihnen dabei eine exemplarische Gültigkeit abzugewinnen, die ja doch allemal problematisch sein muss.

Dorst geht im »Merlin« einen anderen Weg. Er belässt die Welt der Tafelrunde in aller Fremdheit und versteht den Mythos als eine Realität, die von unserer eigenen deutlich verschieden ist: »Ich beschreibe die Ereignisse nicht als etwas Fremdes, Fernliegendes. Aber es bleibt ein Rest von Fremdheit, soll auch bleiben.«[32] Gerade in diesem distanzierten Anderssein, der bewusst bewahrten und absichtsvoll ausgestellten Alterität des Gezeigten, möchte er dessen Verwandtschaft mit der empirischen Wirklichkeit des modernen Publikums suggerieren, ohne dass diese Nähe durch aufgesetzte Tricks der Verheutigung eigens unterstrichen würde. Das Prinzip konsequenter Verfremdung zum ästhetischen Selbstzweck der Hermetik, wie es der Regisseur Robert Bresson in seinem Film »Lancelot du lac« (1974) verfolgt, ist Dorsts Sache nicht. Auf eine entsprechende Bemerkung im Zusammenhang mit seinem »Merlin«-Projekt entgegnete er mit einem ebenso lakonischen wie skeptischen »Ach so«; es handele sich bei Bressons viel gerühmter Version um einen »Film für Kenner der Artus-Geschichte. In Deutschland ist die Artus-Sage unbekannt und man muss die Geschichten so einfach wie möglich erzählen.« Freilich ist Dorsts Verfahren der »einfachen« Erzählung so ganz simpel nicht: »Die Dar-

4

Nachbemerkung.

Nach über zwei Jahren Arbeit übergebe ich dieses Manuskript dem Verlag, gebe ich es dem Leser in dem Bewusstsein, xxxx ein unfertiges Stück geschrieben zu haben. Die Geschichte von Merlin dem Zauberer und von den Rittern der Tafelrunde, vor zwei Jahren mit dem Blick auf rasche Aufführbarkeit begonnen und für eine Aufführung in der Hamburger Fischhalle geplant, hat sich für mich mehr und mehr zu einem Weltmärchen entfaltet, das, so scheint es mir jetzt, gar nicht, auch nicht durch dramaturgischen Zugriff, zu Ende zu bringen ist: es ist wie das Leben selbst, von dem es ein theatralisches Abbikd ist, es drängt aus sich heraus immer neue Personen, Bilder, Konstellationen, ~~sodass die Arbeit nur zu einem Ende zu bringen ist durch den Entschluss,~~ ~~abzubrechen~~. Das Ganze bleibt also, trotz seines Umfangs, immer noch Fragment. Mit einigen Geschichten, sehe ich jetzt, bin ich nicht fertig geworden; so ist die Geschich e Parzivals nicht zu Ende gedacht und ich würde gern in einem Film das Parzival-Thema noch einmal wieder aufnehmen. Morgane le Fay, die Naturwelt dieser Zauberin und Zerstörerin, sollte grösser und konfliktreicher behandelt werden. Merlin ~~das war eine Vorstellung von Peter Zadek~~ sollte im Verlauf des Stückes jünger werden und schliesslich, in der Nacht vor der letzten Schlacht, dem angstwachen König Artus als Kind erscheinen. Di e sprache der Tiere, der Vögel, der Wölfe, der Frösche sollte vorkommen, wie im Märchen, und manches andere..Und es bleibt auch für mich die Frage, wie das Ganze jetzt zu benennnen sei: dieser dramatische Garten, diese Bruchstücke aus einem nicht endenden Drama, mit seinen erzählten Passagen, seinen bloss angedeuteten Szenen, mit Liedern und Zitaten und auch mit seinen Ungereimtheiten, die ich jetzt, nach letzter Durchsicht, stehen lasse: ist es ein Drama? Ist es ein Theaterspektakel, wie man so ein Zehnstundenereignis wohl modisch nennen würde? Oder ist es ein Lesedrama?

Merlin ist in verschiedenen Phasen entstanden. Zuerst war die Sorge, dies lange und komplizierte Geschichte in einen dramatischen Ablauf zu stellen und spielbar zu machen. Begonnen war mit

Nachbemerkung zu »Merlin« (1980)

dem fünften Teil, der den Untergang des Artusreiches behandelt, und zugleich mit Merlins Geburt, dem zweiten Teil, der zunächst nur eine Modernisierung des alten Stückes von Rowley werden sollte. Die Gründung der Tafelrunde und die einzelnen Geschichten der Ritter dieser Runde entstanden in einer zweiten Phase. Die Suche nach dem Gral, der vierte Teil brachte dann neue Aspekte auf das Ganze. Manches war da noch einmal neu zu überdenken und es ist uns in dieser letzten Arbeitsphase, in Rom, erst die eigentliche Dimension des Ganzen deutlich geworden: das Wüste Land und die Erfindungen des Menschen, die diese Wüste dem Auge und dem Herzen verbergen. In dieser Zeit, im Frühjahr 1979, als ich mit Ursula Ehler in der Villa Massimo arbeitete, tauchte auch der Maler Gaetano Pompa auf, und aus Erzählungen und Schilderungen dessen, was wir gerade schrieben, entstanden die Zeichnungen, von denen eine auf dem Titel dieses Buches wiedergegeben ist: Merlin versucht vergebens, dem Schatten seines Vaters, des Teufels, zu entfliehn

Jetzt, nach diesen zwei Jahren, scheint eine Aufführung dieses Stückes, so wie sie uns, Peter Zadek und mir, vorschwebte, noch immer nicht gesichert zu sein. Das Interesse aber an disem Stoff und an der Art, wie er hier behandelt worden ist, scheint mir eher gewachsen.

Nachbemerkung zu »Merlin« (1980)

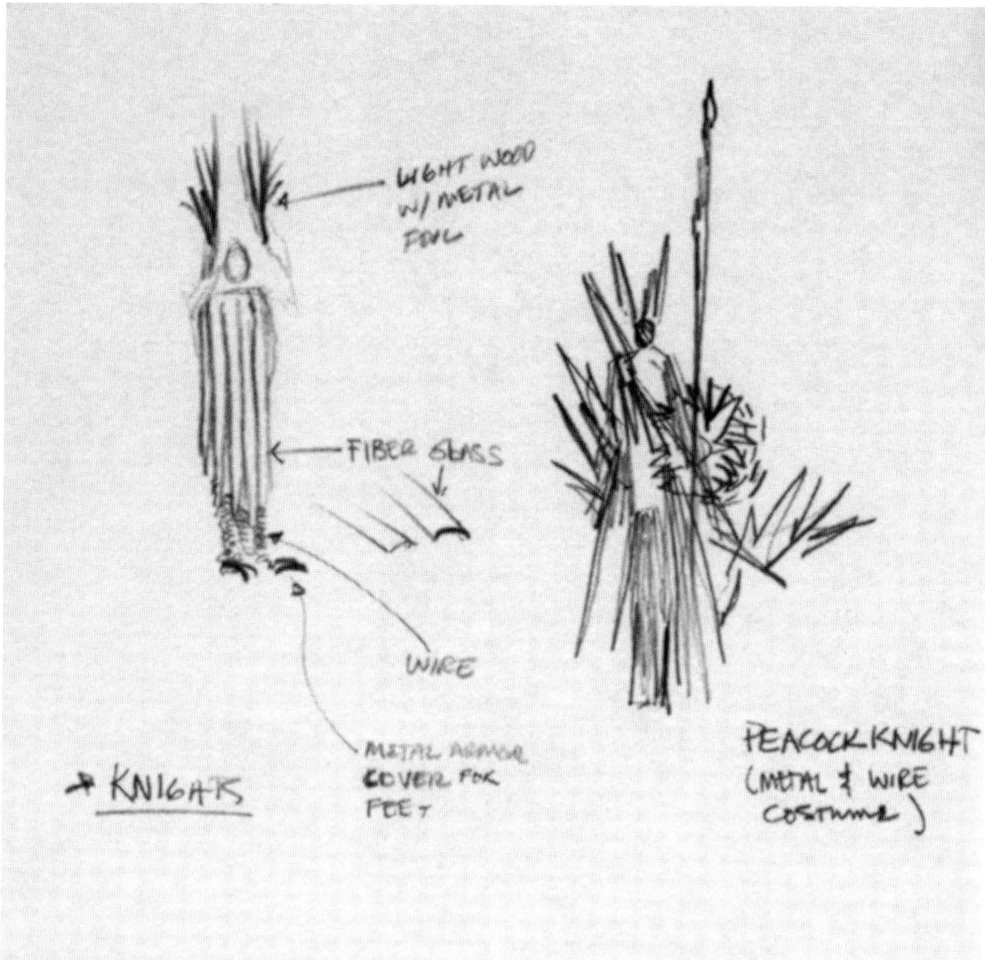

Robert Wilson: Figurinen für den »Parzival«.

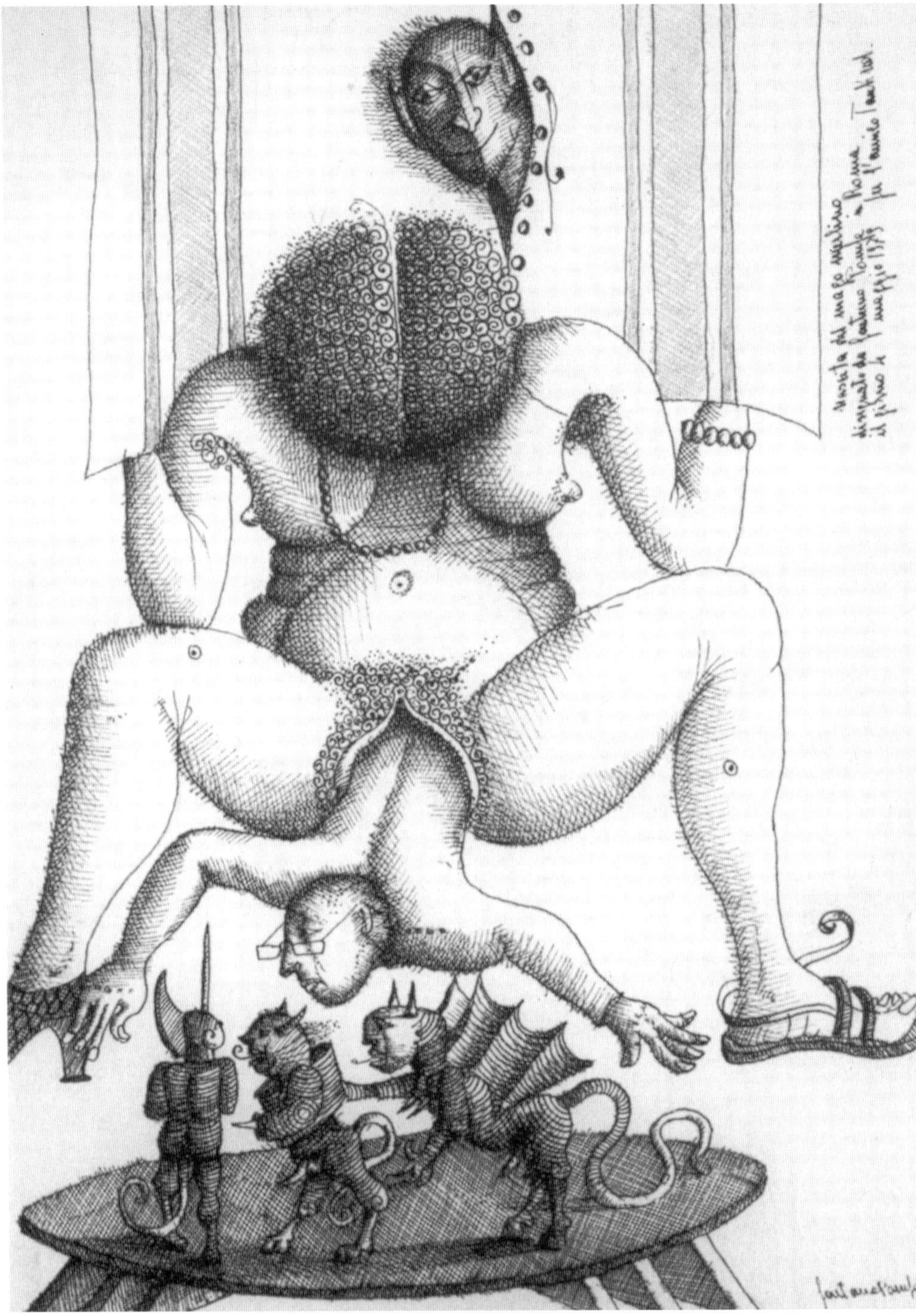

Gaetano Pompa: Merlins Geburt.

stellungsart ist teils realistisch, teils phantastisch; ich vernachlässige hin und wieder auch die Kontinuität und die Einheit von Personen.«[33]

Des Autors Plädoyer für einen phantastischen Realismus als dramaturgisches Prinzip, wie er es im Umfeld seiner Arbeit am »Merlin« nachhaltig entwickelte und das sein Verständnis von Mythen und Märchen (in den späteren Stücken dann zunehmend auch: Traum) bestimmte, prägt auch sein Verhältnis zum Artus-Stoff: »Märchen müssen natürlich realistisch sein, so realistisch wie Träume. Iwain mit dem Löwen, Parzival, wie er die Ritter am Waldrand für Glamour-Engel hält, oder wie er Sir Ither aus seiner roten Rüstung schält wie einen Hummer aus der Schale – das muss ich mir alles lebendig vorstellen können, es muss sich realistisch ereignen, sonst bedeutet es nichts, sonst verflüchtigt es sich, bewegt die Phantasie nicht.«[34] Dabei fällt vor allem die Formulierung »natürlich realistisch« ins Auge, zählt doch Realismus nicht eben zur Natur von Märchen – und schon gar nicht bei Dorst, für den das »Wichtige beim Erzählen von Geschichten ist, dass die Dramaturgie Lücken lässt, Lücken schafft und so Räume für die Phantasie des Zuschauers offen hält. Es muss ein Geheimnis geben, den Blick ins Dunkle.«[35] Es sind gerade diese Leerstellen, die im »Merlin« (und nicht nur dort) den Blick auf den überlieferten Mythos schärfen für die Wirklichkeit dahinter, die im Märchen die Metapher besonders sichtbar machen. »Märchen sind oft viel welthaltiger, als wir glauben, und die Realität ist viel phantasiebesetzter, als man gemeinhin denkt.«[36]

Der Bestand an (allemal oft unsicheren) historischen Fakten aus dem Mittelalter ist für Dorst kaum mehr als phantasievoll genutztes Spielmaterial; er greift nicht auf konkrete Vorgänge oder Gestalten der mittelalterlichen Wirklichkeit zurück, sondern auf einen ebenso traditions- wie folgenreichen Mythos, dessen Wirk- und Aussagekraft über die vordergründig erzählte Geschichte hinausweist und der sich durch eine besonders große Adaptationsfähigkeit auszeichnet. Die hohe Durchlässigkeit des Artus-Stoffes für gesellschaftliche und politische Sinngebung hat der aus nebelhafter Frühe stammenden »matière de Bretagne« um den legendären Musterkönig und seine ideale Tafelrunde schon im Mittelalter zu ungewöhnlicher Beliebtheit und Verbreitung verholfen – von der historischen Einbettung bei Geoffrey of Monmouth über die höfischen Romane von Chrétien de Troyes und deren deutsche Bearbeitungen durch Hartmann von Aue oder Wolfram von Eschenbach bis zu den zahlreichen Nach- und Fortdichtungen der spät- und nachhöfischen Literatur, insbesondere Thomas Malorys monumentaler Stoff-Kompilation »Le Morte D'Arthur« (1485), die für die neuzeitliche Rezeption vor allem im angelsächsischen Kulturraum einen schier unerschöpflichen Steinbruch bereitstellte und den übrigens auch Dorst »mit immer größerem Lesevergnügen«[37] als Quelle genutzt hat.

Die Angehörigen und die Aufsteiger der mittelalterlichen Feudalwelt suchten in der Vorstellung von der vorbildlichen, makellosen Rittergesellschaft um den untadeligen König Artus ihre soziale wie ethische Identität. Das klare hierarchische System dieser sagenhaften Welt bot den Rezipienten eine Möglichkeit der Handlungsorientierung und suggerierte ihnen eine überlegene Stabilität als Gegensatz zum bedrohten Wert- und Weltgefüge ihrer eigenen Wirklichkeit. Die Fiktion entwarf ein idealisierendes Gegenbild zur Realität und entfaltete ein anregendes Sinn- und Identifikationsangebot für die Hörer bzw. Leser dieser Geschichten. Durch seine Verbindung einer verklärenden Erinnerung mit der Vision einer besseren Alternative erhielt der Artus-Mythos eine wichtige utopische Qualität. Es ist diese Kombination, die dem Stoff als »ideologisches Gleitfett« (Peter

Rühmkorf) über Jahrhunderte hinweg – und bis heute – eine bleibende Attraktivität garantiert hat.

Im englischsprachigen Raum gab es spätestens seit Alfred Tennysons »Idylls of the King« in der zweiten Hälfte des 19. Jahrhunderts eine ungebrochene Artus-Tradition. Der Mythos um den Idealkönig und seine Tafelrunde erlangte dort, anders als in Deutschland, nachgerade nationale, ja dynastische Bedeutung – von zahllosen literarischen Bearbeitungen über eine Fülle von einschlägigen Hollywood-Produktionen bis zu der aufschlussreichen Tatsache, dass der amerikanische Präsident John F. Kennedy das Weiße Haus in Washington als »Camelot« bezeichnete und mit dieser Berufung des legendären Artus-Schlosses sich selbst in die wertsteigernde Tradition des verklärten Sagenherrschers rückte. Unterstützt wurde diese Artus-Renaissance durch die Einwirkung der Fantasy-Literatur, die insbesondere in ihrer populären Spielart der »Sword & Sorcery«-Romane gut geeignet war, einzelne Versatzstücke der mittelalterlichen Mythenwelt um den fabelhaften rex futurus und seine famose Tafelrunde mit den Struktur-Elementen des neueren Genres zu verquicken. Zunehmend geriet dabei auch der Magier Merlin wieder in den Blick – vor allem seit T.H. White unter dem Eindruck des Zweiten Weltkriegs seine pazifistische Artus-Trilogie »The Once and Future King« (1939/58) schrieb und dem keltischen Weisen dabei eine wichtige Rolle zuwies, die zusätzliche Impulse und Kontur erhielt durch J.R.R. Tolkiens »Lord of the Rings« (1954/68) und den dort entworfenen allmächtigen Zauberer Gandalf. Die Mischung des alten Mythos mit Zutaten einer jüngeren Tradition erwies sich für die weitere Wirkungsgeschichte des Artus/Merlin-Stoffes von großer Tragweite.

Einen entscheidenden Durchbruch für diese Rezeption in Deutschland leistete Dorsts »Merlin«-Drama. Das literarische Fortleben von König Artus hierzulande wurde immer wieder behindert durch die Vorliebe deutscher Autoren für einen anderen mittelalterlichen Stoffkomplex, der für die nationale Identitätsstiftung eine ungleich größere Rolle spielte: Die einheimische, nicht selten fatale Nibelungen-Tradition hat in der deutschen Literatur des 19. wie dann auch des 20. Jahrhunderts ziemlich genau jene Bedeutung erlangt, die die Geschichten um König Artus und seine Tafelrunde als nationale Mythenkomplexe in der angelsächsischen Kultur besaßen und besitzen. Kein Wunder also, dass bis auf den heutigen Tag (trotz Dorsts grandiosem »Merlin« und Christoph Heins Schlüsselstück »Die Ritter der Tafelrunde«, trotz des erfolgreichen »Excalibur«-Films von John Boorman und Marion Zimmer-Bradleys zeitgeistigen »Nebeln von Avalon«, trotz aller Kino-Ritter mit Kokosnüssen und arthurischer Fantasy-Staffage, trotz medialer Kulturmischung und globaler Stoff-Synthese) die Figuren und Versatzstücke der ausländischen »matière de Bretagne« in Deutschland beim breiten Publikum weit weniger geläufig sind als einheimische Sagenhelden wie der Drachentöter Siegfried oder der trutzige Hagen, die liebliche Kriemhild, die unheimliche Brunhild oder das aufrechte Volk der Burgunden, dessen heroischer Weg in den Untergang gerne als Menetekel und Chiffre für nationale Gefährdung und Größe empfunden wurde. Die Popularität der altdeutschen Recken ist durch das medienwirksame Wormser VIP-Spektakel im Sommer 2002, zu dem Moritz Rinke eine betont flapsige Neubearbeitung der »Nibelungen« schuf und der bekannte Fernsehregisseur Dieter Wedel samt hochkarätiger Starbesetzung die szenische Show besorgte, nicht nur bestätigt, sondern noch bekräftigt worden.

Allenfalls in Verbindung mit dem Gralsmythos ist in Deutschland die Welt der arthurischen Tafelrunde noch einigermaßen präsent – eine weitere Folge der wirkmächtigen Vermittlungstätigkeit Richard Wagners, dessen »Parsifal« ohne Zweifel mehr für die Popularisierung des Stoffes erreicht hat als alle einschlägigen Romane und Stücke, Gedichte und Opern, mehr auch als alle gelehrten Bemühungen zusammen. Die weitgehende Abstinenz deutscher Autoren bei der Rezeption der Artus- und (damit verbunden) der Merlin-Legenden, denen als Derivaten der »matière de Bretagne« stets der bedenkliche Ruch fremder, gar französischer Herkunft anhaftete, blieb bis tief ins 20. Jahrhundert prägend. Diese Kontinuität hat ihren Grund darin, dass das moderne Mittelalter-Bild zumal in Deutschland keineswegs auf mittelalterliche Quellen selbst zurückgeht. Vielmehr schöpft die neuzeitliche Wiederbelebung mittelalterlicher Stoffe in erheblichem Ausmaße aus den Quellen des 19. Jahrhunderts, in denen nun aber die Artus-Sage kaum eine Rolle spielte. Eine Ausnahme bildete dabei Karl Immermann, dessen Versdrama »Merlin. Eine Mythe« bereits 1832 erschien – bezeichnenderweise im Todesjahr Goethes, zu dem der Autor sich augenscheinlich mit diesem »Gegenfaust« in ausdrückliche Opposition setzte.

Immermanns reichlich konfuses, überfrachtetes Mythendrama, das aus guten Gründen erst 1918 uraufgeführt wurde, war die erste literarische Verarbeitung des Artus- und namentlich des Merlin-Stoffes, die Dorst kennen lernte. In seiner Heimatstadt Oberlind (Thüringen) gab es, wie er erzählt, einen kleinen Papierwaren- und Buchladen, in dessen Hinterzimmer Dorst als Schüler ausgiebig zu schmökern pflegte. Sein besonderes und dauerhaftes Interesse wurde durch die faszinierende, fesselnde Welt von Rittern, Mythen und Zauberern geweckt, die Immermann in seinem Stück dem lesenden Knaben eröffnete. Auf die Frage nach Quellen und Vorlagen für seinen »Merlin« antwortet der Autor gerne mit dem Hinweis auf das zerfledderte Reclam-Heftchen, in dem die »Mythe« erschienen war und durch das sie damals eine gewisse Popularität erlangt zu haben scheint, auch wenn das Stück längst wieder von den Bühnen verschwunden war.

Immermanns Werk blieb nicht die einzige Bearbeitung des Stoffkomplexes, die Dorst für seine eigene Version zur Kenntnis genommen und verwendet hat. An anderer Stelle nennt er außerdem vor allem Malorys Geschichtenkompilation, die Artus-Romane von White, aber auch Wolfram von Eschenbachs »Parzival«, keltische Sagen, historische Quellen und Heinrich Zimmers psychologische Studie über den Mythos »Abenteuer und Fahrten der Seele«[38] – diesmal freilich ganz ohne Erwähnung Immermanns, dessen Stück in Dorsts »Merlin« gleichwohl unverkennbare Spuren hinterlassen hat. So ist etwa die Rahmenhandlung in Dorsts Drama unzweifelhaft verwandt mit der »Mythe«: Der Kampf zwischen einem christlich bestimmten System und den Mächten der Finsternis klingt bereits im Prolog an, wenn der »von tausend Glühbirnen illuminierte Christus« gleich zu Beginn die »heidnischen Götter« (19)[39] vertreibt, und wenn es ganz am Ende heißt, »Die heidnischen Götter kehren zurück« (373), dann wird auf der Bühne derselbe heil-lose Zustand evoziert, mit dem auch Immermanns Stück endet. Obwohl in Anspruch und Absicht, Qualität und Haltung durchaus verschieden, zeigt Dorsts »Merlin« in einer Reihe von inhaltlichen Analogien und zumal in der starken Betonung der mythischen Aspekte im Stoff eine augenfällige Abhängigkeit von Immermanns Drama, durch das erklärtermaßen der jugendliche (und dann wohl auch der gealterte) Autor stark beeindruckt war. Darüber hinaus ist auch ein gewisser Einfluss Immermanns hinsichtlich der formalen Gestaltung feststellbar: Wie in der »Mythe« stehen hier Prosa- und Vers-Passagen, epische und dramatische Partien nebeneinander, durchsetzt von Liedern und ergänzenden Ausführungen. Oft nimmt sich Dorsts drehbuchartiger Bühnentext in seiner kühnen Mischung aus dialogischen Szenen, begleitenden Erzähl-Abschnitten, erweiternden Regie-Anweisungen und integrierten Kommentaren eher wie ein Lesedrama und nicht so sehr wie ein Bühnendrama aus – ganz wie Immermanns »Merlin«, der mehr Kopf-Stück als Schau-Spiel ist.

In signifikantem Gegensatz zu Immermann und anderen Autoren, die sich um eine dichterische Interpretation des Mythos bemüht haben, formt Dorst die Geschichte um Artus und Merlin zu einer pessimistischen Aussage um. Trotz Merlins bestimmender Teilhabe an der Gründung, Führung und Reformierung der arthurischen Tafelrunde ist sein Traum von einer idealen Gesellschaft doch zum Scheitern verurteilt. Des Teufels Plan schlägt fehl, weil sein Sohn Merlin sich der ihm auferlegten Aufgabe, die »Menschen zum Bösen [zu] befreien« (42), trotzig verweigert und ihr mit seiner »Menschheitsidee« (192) begegnet: »Ich gründe die Tafelrunde!« (43) Damit scheint Dorst zunächst der Tradition zu folgen, die in Artus (und seinem Mentor Merlin) einen Hoffnungsträger für die Möglichkeit einer Wendung zum Guten sieht. Aber pointiert enttäuscht der Autor diese Erwartung. Er begegnet dem Stoff und seiner optimistischen Botschaft mit offenkundigen Zweifeln und verkehrt die konventionelle Aussage des Mythos durch ironische Brechungen und oft nur geringfügige Verschiebungen in ihr sarkastisches Gegenteil: eine dramatische Parabel über das notwendige Scheitern jeder Utopie – in der literarischen Fiktion der Tafelrunde ebenso wie in unserer unmittelbaren Wirklichkeit.

Der Kampf zwischen Gut und Böse, zwischen dem Teufel und seinem Gegenspieler Merlin wird im Szenarium einer mittelalterlichen Märchenwelt ausgetragen, die aus dem Geschehen ein Weltmärchen macht – eine Metapher für verheißungsvollen Aufbruch mit schlechtem Ausgang. Mit Hilfe des Artus-Stoffes entfaltet Dorst ein Menschheitspanorama, das den alten Mythos von Idee und Niedergang der Tafelrunde nur als Fallstudie versteht, an der die Möglichkeiten einer Friedensutopie überprüft werden. »Merlin« ist das Drama einer krisengeschüttelten Welt, deren Hoffnungen auf Errettung aus dem Teufelskreis der Selbstvernichtung sich nicht erfüllen, weil der Entwurf einer besseren Gesellschaft die Schwächen der Menschen und ihre heilsgeschichtliche Koppelung an den Sündenfall nicht angemessen in Rechnung gestellt hat: »Im Tisch der Tafelrunde tickt der Wurm von Anfang an.«[40] Merlins Theorie hält der Praxis nicht stand; die Katastrophe am Ende bezeugt die Hinfälligkeit des Erhabenen am Triumph des Trivialen.

Dabei verweist schon der Untertitel des Dorst-Stückes »Das wüste Land« auf den literarischen und geschichtlichen Ort dieser Tragödie. T. S. Eliots Gedicht »The waste land« (1922) ist geprägt von der tiefen Illusionslosigkeit nach der Vernichtungsraserei des Ersten Weltkriegs und hebt die Notwendigkeit einer geistigen Erneuerung hervor, die das enthumanisierte Menschenbild der Zeit, die Sinn- und Geheimnislosigkeit einer aus den Fugen geratenen Welt aufheben soll. In diesem Zusammenhang spielen auch die Gralslegende und der mit ihr verbundene Erlösungsgedanke eine wichtige Rolle. Die inhaltlichen Bezüge zwischen »The waste land« und »Merlin«, in dem ebenfalls die Utopie einer christlich gegründeten Artusrunde und die Ausrichtung auf ein transzendentes Ziel (die Gralssuche) die herrschende Barbarei beenden soll, liegen auf der Hand – nur dass Eliots symbolisch-allegorische Dichtung im erschütterten Rückblick auf die Katastrophe des Krieges und im Angesicht seiner Folgen für den Zerfall aller Werte geschrieben wurde, während Dorsts Drama sich auf die gegenwärtige und künftige Bedrohung durch waffenstarrende Arsenale sowie die triumphierende Unvernunft des Menschen bezieht, die dann ja auch am Ende des Stückes in der apokalyptischen Schlacht zwischen Artus und seinem Sohn Mordred den verheerenden Sieg davonträgt. Beide Texte siedeln am Rande des Untergangs, wenn auch auf verschiedenen Seiten; und beide spiegeln das Ringen um einen gültigen, verbindlichen Welt-Entwurf, um die Fortdauer einer Kultur, deren Zukunftslosigkeit bereits an einer Reihe von alarmierenden Phänomenen evident geworden ist.

Wenn dann am Ende eine entfesselte Kriegsmaschinerie im Inferno des (irrtümlich ausgelösten) Waffengangs die Haltlosigkeit von Merlins Idealvorstellungen unmissverständlich unterstrichen hat, wenn Artus auf die Feeninsel Avalon entrückt und der Traum von einer besseren Welt blutig ausgeträumt ist, kehren die heidnischen Götter, die Christus einst gebannt hatte und die Merlin nicht fernhalten konnte, auf die Szene und also in die Welt zurück. Der Magier aber sitzt im Weißdornbusch und besingt in melancholischer Variation der Vergil-Sentenz »Omnia vincit Amor« die Übermacht der Liebe: »Love has more pow'r and less mercy than fate / to make us seek ruin and love those that hate.« (373) In diesem resümierenden Schlussgesang liefert der gescheiterte Held die Gründe für den Misserfolg seiner gesellschaftlichen Utopie. Der Untergang der arthurischen Welt ist die Niederlage der zivilisatorischen Idee gegenüber der Wirklichkeit elementarer Bedürfnisse. Denn es ist vor allem die Liebe (und mithin eine grundsätzlich unverdächtige, positive Macht), die Merlins schöne Pläne zunichte gemacht und das schreckliche Ende herbeigeführt hat: die zweifelhafte Liebe des Königs zu Ginevra, die ursprünglich deren symbolkräftiger Mitgift galt: dem Runden Tisch; die Liebe zwischen Lancelot und Ginevra, die nicht sein darf; die Liebe, die der verstoßene Mordred bei seinem Vater Artus sucht und nicht findet; die Liebe des Königs zu Lancelot, die dieser verrät. Und stets erweist sich, dass der Traum von einer besseren Welt zuallererst von denen zerstört wird, die ihn am leidenschaftlichsten träumen.

Zusammen mit der Tafelrunde versinkt der Glaube an die Gültigkeit des »Prinzips Hoffnung«, das Merlins (und darüber hinaus: jedem) Weltenplan zugrunde liegt. Zwar lässt Dorst am Ende drei Damen in einer venezianischen Gondel erscheinen und mit dem sterbenden Artus »über das dunkle Meer, nach Avalon« (372) rudern, aber der Zuschauer – wofern er denn mit der Artus-Sage gut genug vertraut ist, um hinter dieser Entrückung die Verheißung der erlösenden Wiederkehr zu erkennen – mag sich nicht vorstellen, dass der Friedenskönig jemals zurückkommen könnte. Mit dem optimistischen Avalon-Motiv folgt der Autor vordergründig der gültigen Erzähltradition, aber seine pessimistische Umdeutung des Stoffes schließt diese Geste der Zuversicht offenkundig aus – oder veräußerlicht sie zumindest zu einer verzweifelten Formalität.

Des Dramatikers »starke Skepsis gegen Utopien«[41], die ihn nicht glauben lässt »an Entwürfe, die ein für alle Mal die Widersprüche der Welt lösen«[42] wollen, manifestiert sich auch in seiner Behandlung des Gral-Motivs, das in dem an Parzival gebundenen Handlungsstrang entfaltet wird. Für Erlösungsphantasien und den Traum eines immer währenden Friedensreiches, wie sie üblicherweise an die Tradition des Gralsstoffes geknüpft waren, ist in Dorsts hoffnungslosem Menschheitsdrama kein Platz mehr. So wenig, wie das Stück dem in der Tafelrunde anklingenden Traum von gewaltloser Brüderlichkeit eine reale Chance einräumt, so wenig mag der Autor den Glauben an die Überlegenheit einer in die Sphären absoluter Geistigkeit entrückten Elite nähren. Der Gral interessiert ihn allenfalls als Herausforderung und als Ferment einer vor allem dramaturgisch bestimmten Steigerung; die auf den Gral sich gründende Heilslehre indessen scheitert bereits im Vorfeld ihrer konkreten Umsetzung. Der Prozess der Sinnstiftung erscheint hier ebenso fragwürdig wie die Haltbarkeit von Siegen der Vernunft. »Unsere Welt ist ein dünner Teppich von Zivilisation; darunter ist gleich die Wüste – das wüste Land.«[43]

Im mittelalterlichen Artus-Stoff verbinden und verbanden sich Mythos und Utopie, verklärende Erinnerung und die Hoffnung auf eine bessere Alternative. Es ist diese Kombination, aus der sich auch die neue Aktualität dieser Geschichten erklärt. Dorsts »Merlin« aber blickt hinter die traditionelle Fassade von schönem Schein und idealer Harmonie. Der Autor sucht die Risse und Brüche, die Spannungen und Abgründe des Mythos auf, rückt sie in den Vordergrund seines Dramas und öffnet das hergebrachte Material für eine durchaus aktuelle Auslegung. Er annektiert die Artus-Sage nicht zum Zwecke einer unhistorischen »Modernisierung« – und muss es auch gar nicht. Wohl aber manipuliert er den Mythos insofern, als er vor allem jene Aspekte hervorhebt, die ihm tauglich erscheinen, im »fernen Spiegel« der Legende das eigene Zeitgefühl (und das seiner Leser bzw. Zuschauer) reflektiert zu finden. In seiner dramatischen Fabel vom Aufstieg und Fall der Tafelrunde, vom Traum und Scheitern der arthurischen Friedensidee entfaltet er ein Pandämonium der Gegenwart, aufgefunden im mittelalterlichen Mythos, aber nicht künstlich dorthin verpflanzt. Auch wenn Dorst sich hier mit märchenhafter Ausstattung, anachronistischen Pointen und gelegentlicher Verfremdung als souveräner Spieler mit den Versatzstücken der Sage und den präsumtiven Erwartungen des Publikums erweist, unterstreicht doch gerade sein Konzept eines Mittelalter-Bildes, wie es durchaus dem Erkenntnisstand moderner mediävistischer Forschung entspricht und das das Ziselierte neben dem Ungeschlachten, das Archaische neben dem Kultivierten, das Ideale neben dem Abstoßenden, das Gute neben dem Bösen, das Sublime neben dem Kruden enthält, besser als alle spekulative Glättung und harmonisierende Klitterung die dauerhafte Gültigkeit des Artus-Mythos, der in der desillusionierenden Darstellung auf der Bühne eher als Deutungsentwurf und als Modell der Analyse taugt denn als Zufluchtsort einer depressiven Gegenwartsmüdigkeit.

Mehrfach hat Dorst die Linien seines viel gespielten[44] »Merlin«-Dramas nachgezogen – als Bilderfolge über den Gottsucher Parzival »Der nackte Mann« (1986), als »Parzival«-Szenarium (1990), das dann vom Bühnenmagier Robert Wilson am Hamburger Thalia-Theater realisiert wurde, oder als Film-Exposé »Der Wilde« (1992), das ebenfalls die Parzival-Geschichte erzählt und unausgeführt blieb. Aber seine Beschäftigung mit dem Mittelalter beschränkt sich nicht auf sein opus magnum über die arthurische Tafelrunde, obwohl das monumentale »Merlin«-Spektakel im vielgestaltigen Schaffen des Dramatikers eine entscheidende Stellung als Wegmarke einnimmt – vergleichbar nur mit dem »Toller« (1968), der übrigens ebenfalls das Thema der gescheiterten Utopie abhandelt. Schon in seinem phantastischen Märchen »Die Mohrin« (1964), einer Bearbeitung der altfranzösischen Liebesgeschichte von »Aucassin und Nicolette«, über die er 1953 ein Marionettenspiel schuf,[45] hatte er ein Sujet gewählt, dessen mittelalterliches Kolorit den Rahmen bildet für die spielerische Beschäftigung des Theaters mit sich selbst, für einen ironischen, hintersinnigen Umgang mit der Realität, wie er – in fast all seinen Werken – charakteristisch ist für den Dramatiker Dorst und wie er dann namentlich im »Merlin« eine beispielhafte, in deutscher Literatur durchaus seltene Kombination von Virtuosität und Tiefe erreicht.

Vorerst letztes Zeugnis für die Hinwendung des Autors zu mittelalterlichen Stoffen ist »Die Legende vom armen Heinrich« (1996; Uraufführung 1997). Das Stück geht auf die bekannte Verslegende Hartmanns von Aue (um 1195) zurück, die in Deutschland schon mehrfach bearbeitet wurde – etwa von Hans Pfitzner als Oper (1895; Libretto von James Grun), von Gerhart Hauptmann als Schauspiel (1902) oder Ricarda Huch als Novelle (1898). Wieder springt Dorst mit der Vorlage frei um, entwirft ein unverwechselbar eigenes Mittelalter von erdigem Realismus, in dem mittelhochdeutsche Zitate und fränkische Dialoganteile, aber auch chorische Partien eine absichtsvoll archaische Atmosphäre erzeugen, und schreibt fern aller Psychologie, die sich etwa mit dem problematischen Selbstopfer des Mädchens (Elsa) auseinander setzte, ein ganz und gar neuzeitliches Theater-Märchen, das (wie häufig bei Dorst) die Möglichkeiten der Bühne souverän nutzt und bisweilen ebenso souverän überfordert. Der Autor reißt die Geschichte beherzt aus ihrer altdeutschen Verankerung und verleiht ihr eine weit gefasste Lebensbedeutsamkeit – bis hin zu dem dramaturgischen Coup des Schlussbildes, in dem auf den abgelösten Verbänden des wundersam geheilten Heinrich nicht etwa der Abdruck seiner Wunden, sondern ein »Abbild der Welt« zu sehen ist, durch das »Heinrich und Elsa gegangen sind bis hierher«.[46]

Da haben wir es wieder: Mythos und Metapher bestimmen das Verhältnis des Dramatikers Tankred Dorst zum Mittelalter. So entschlossen und zugleich phantasiereich wie er hat kein anderer Autor die mittelalterlichen Texte und ihr über die bloße Empirie hinausreichendes Bedeutungspotenzial für sich nutzbar zu machen verstanden. Seine Dramaturgie zielt auf die Ablösung des herkömmlichen Begriffs von Realität. »Es gibt nicht nur eine Realität der Augen und der Ohren, sondern eine des ganzen Kopfes, die man auch darstellen müsste, wenn man auf Realität versessen ist... Ich möchte eigentlich den Realismus nicht aufgeben, sondern nur erweitern.«[47] Am Beispiel des Mittelalters ist ihm das exemplarisch gelungen – nicht nur zum eigenen Vorteil, sondern allemal auch zu dem unseres Verhältnisses zu Vergangenheit und Tradition.

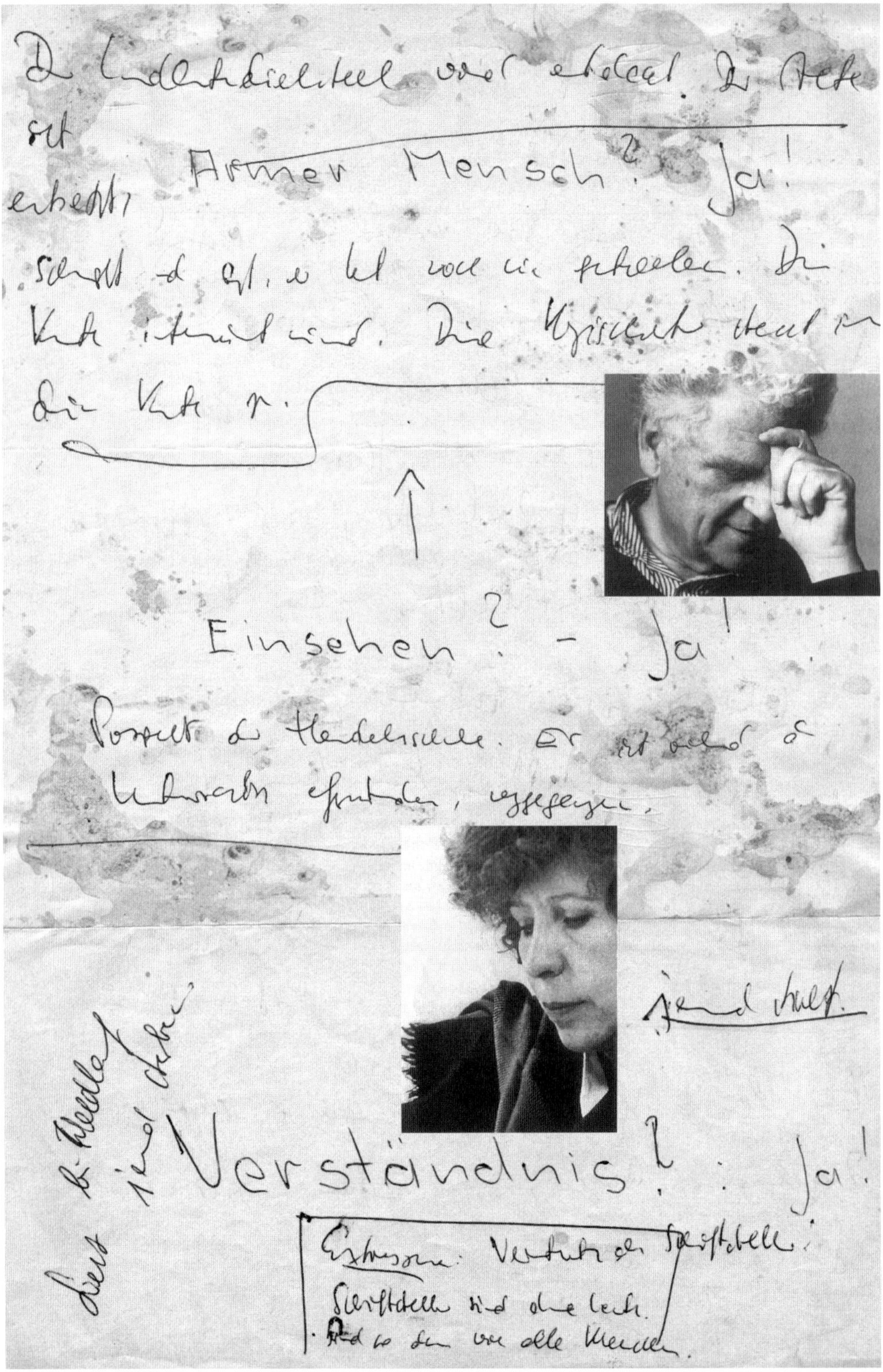
Armer Mensch? Ja!
Einsehen? - Ja!
Verständnis? : Ja!

Alessandra Sorbello Staub
Nachwort: Zur Konzeption der Ausstellung

Tankred Dorst ist bereits ein geübter Hochschuldozent: 1986 erhielt er beispielsweise die Grimm-Professur der Gesamthochschule Kassel, 1997 hatte er die Tübinger Poetikprofessur inne. Auch wurde sein Werk im Rahmen größerer und kleinerer Ausstellungen mehrfach präsentiert.
Die Ausstellung zur diesjährigen Stiftungsgastdozentur Poetik macht daher den Versuch, eine neue Perspektive für die Beschreibung des künstlerischen Schaffens Dorsts zu erarbeiten und somit, neben der chronologischen Darstellung des Werks und der biografischen Dokumentation, neue Schwerpunkte zu erschließen.
Interessante Anhaltspunkte ergeben sich hier aus der Beobachtung der Text- und Werkgenese bei Tankred Dorst und Ursula Ehler. Wie in einem Mosaik arbeitet Dorst mit zahlreichen Fragmenten, deren Zusammenstellung zu einer oder mehreren Geschichten führen kann. Der erste Impuls ist häufig ein visueller: »Ich merke immer mehr, dass ich sehr von Bildern ausgehe. Ich habe Bilder im Kopf oder Rudimente von Szenen, Dialogstücke, Fetzen manchmal nur, bei denen mich eine Scheu daran hindert, sie von vornherein in eine dramaturgische Ordnung zu bringen.«[48] Auch später schmücken zahlreiche Bilder seine literarische Produktion. Ihr Charakter ist niemals der einer reinen Illustration. Vielmehr sind diese graphischen und bildlichen Elemente als feste Bestandteile seines Werkes zu betrachten.
Die einzelnen Fragmente, derer sich Tankred Dorst bei der Erstellung seiner Werke bedient, können aber ständig – wie in einem Kaleidoskop – zu neuen Formen und Geschichten zusammenfinden.
Dabei verändert der Autor den Blickwinkel zur eigenen Materie, ändert die Gewichtung der einzelnen Figuren, die nun neue Konturen annehmen, sich verselbstständigen und eine neue »story« generieren. Der neue Entstehungsprozess führt teilweise einen Form- und Mediumwechsel mit sich: von der Kurzerzählung zur dialogischen Prosa, vom Bühnenstück zum Film.
Diese Art des Umgangs mit dem eigenen Stoff generiert Bezüge über Bezüge, ein Bündel von roten Fäden, die seine gesamte Produktion durchdringen. Dabei kehren häufig nicht nur Motive, sondern auch Figuren in neuer Umgebung wieder.
Zur eigenen Arbeitsweise hat sich Tankred Dorst wiederholt geäußert: »Meistens bin ich mit mehreren Stücken zugleich beschäftigt, lasse das eine liegen, wenn es sich nicht bewegen will, versuche statt dessen mit einem anderen zurechtzukommen, nehme ein altes Fragment wieder auf, gerate an eine neue Geschichte, die mich fasziniert aus irgendeinem Grund, den ich nicht gleich erklären kann, übernehme alte Motive in eine neue story – und so entsteht schließlich, indem ich mich dann endlich auf eine Sache ganz konzentriere, ein neues Stück.«[49]
»Ich bin eigentlich immer mit Neuem beschäftigt, wobei ich merke, dass das, was ich gerade mache, mit allem zu tun hat, was ich bisher geschrieben habe«[50], und weiter: »Ich merke [...], dass häufig das nächste Stück in dem vorherigen schon angelegt ist.«[51]
Diesen Prozess der Zusammenfügung einzelner Fragmente zu einem Bühnenstück vollzieht Tankred Dorst »in dialogischer Arbeitsweise« mit seiner Frau und Koautorin Ursula Ehler. »Dialoge sind gesprochene Sprache: man kann sie sozusagen ausprobieren, vorsprechen, im Sprechen korrigieren, bis sie stimmen.« Denn: »Im Theater muss alles in Dialogen stecken: Menschen können nicht durch Landschaft, nicht durch das sie umge-

bende Ambiente beschrieben werden.«[52]
Der Entstehungsprozess wird häufig aus der alltäglichen Theaterpraxis heraus in Gang gesetzt. Der Autor begleitet oft die Inszenierung der eigenen Werke, führt Veränderungen und Anpassungen durch. »Aber ich würde nicht das Stück selbst verbessern, sondern ein anderes Stück schreiben. Vielleicht sogar in einem ganz anderen Milieu oder mit einem ganz anderen Konflikt.«[53]

Die Ausstellung möchte den Entstehungsprozess der Werke von Tankred Dorst und Ursula Ehler in seinen unterschiedlichen Stufen an ausgewählten Beispielen dokumentieren. Einige Bilder, Skizzen und Fragmente werden isoliert dargestellt und ihre Zugehörigkeit im Netz der Bezüge veranschaulicht. Dabei gilt es, die Veränderung von immer wiederkehrenden Figuren und Motiven bis hin zur Bildung von Themenzyklen zu beobachten und herauszuheben.
Ferner werden Einblicke in die Rezeption des theatralischen Werkes von Tankred Dorst und Ursula Ehler geboten, die nicht nur reine Aufführungsgeschichte ist, sondern vielmehr ein Moment neuen kreativen Schaffens darstellt.
Dem Autorenpaar ist schließlich die Begleitung durch die einzelnen Exponate überlassen. Ihre Äußerungen in zahlreichen Statements und Interviews erzählen und erschließen die Bedeutung einzelner Objekte und ermöglichen dem Besucher neue und vertraute Einblicke in ihre gemeinsame literarische und dramaturgische Werkstatt.

Anmerkungen

[1] Alfred Döblin: An Romanautoren und ihre Kritiker. In: ders.: Aufsätze zur Literatur. Ausgewählte Werke in Einzelbänden. Olten 1963, S. 16.
[2] Ebd.
[3] Tankred Dorst: Noch einmal Öderland. Frankfurt/M. 1999, S. 3.
[4] Tankred Dorst: Eiszeit. In: ders.: Stücke 2. Frankfurt/M. 1978, S. 277.
[5] Günther Erken: Vorwort. In: Tankred Dorst: Werkstattberichte. Hrsg v. Günther Erken. Frankfurt/M. 1999 (suhrkamp taschenbuch 2925), S. 14.
[6] Alle im Text unmittelbar mit Seitenzahl belegten Zitate sind entnommen aus: Tankred Dorst: Karlos. Ein Drama. Frankfurt/M. 1990.
[7] Tankred Dorst: Werkstattberichte (s. Anm. 5), S. 152.
[8] Ebd.
[9] Vgl. dazu die kleine Poetik Dorsts als Manuskript abgedruckt in: Peter Bekes: Tankred Dorst. Bilder und Dokumente. München 1991, S. 11.
[10] Tankred Dorst: Dialog. Etwas über das Schreiben von Theaterstücken. In: ders.: Werkstattberichte (s. Anm. 5), S. 17.
[11] Tankred Dorst: Dialog (s. Anm. 10), S. 18.
[12] Rainer Hartmann im Gespräch mit Tankred Dorst. »Der Schuld kann man nicht ausweichen.« In: Kölner Stadt-Anzeiger, 8. 8. 1991.
[13] Georg Hensel: Mythen, Märchen, Gegenwart. In: Tankred Dorst: Wie im Leben wie im Traum und andere Stücke. Frankfurt/M. 1990 (Werkausgabe 5), S. 440.
[14] Tankred Dorst: Merlins Zauber. Mitarbeit: Ursula Ehler. Frankfurt/M. 2001, S. 50.
[15] Tankred Dorst: Merlins Zauber (s. Anm. 14) S. 15 f.
[16] Ute Nyssen: »Horch, was die kleine Amsel singt«. Über Tankred Dorsts Theater für Kinder. In: Tankred Dorst. Hg. v. Heinz Ludwig Arnold , 77–82. (Text + Kritik 145), S. 77.
[17] Tankred Dorst: Merlins Zauber (s. Anm. 14), S. 46.
[18] Ebd.
[19] Tankred Dorst: Ameley, der Biber und der König auf dem Dach. Ein Stück für Kinder. Mitarbeit Ursula Ehler. Bühnenmanuskript. Köln [1995], S. 1.
[20] Tankred Dorst: Merlins Zauber (s. Anm. 14), S. 46.
[21] Tankred Dorst: Ameley (s. Anm. 19), S. 1.
[22] Tankred Dorst: Geheimnis der Marionetten. München 1957 und ders. Auf kleiner Bühne. Versuche mit Marionetten. München 1959 (das kleine studio 2).
[23] Tankred Dorst: Wie Dilldapp nach dem Riesen ging. Ein Stück für Kinder. Mitarbeit: Ursula Ehler. Köln 2000, S. 67.
[24] Hans Magnus Enzensberger: Brentanos Poetik. München 1961.
[25] Tankred Dorst: Merlins Zauber (s. Anm. 14), S. 95.
[26] Tankred Dorst: Grindkopf. Libretto für Schauspieler (frei nach Grimms Märchen von »Eisenhans«). Mitarbeit: Ursula Ehler. Frankfurt/M. 1988, S. 254.
[27] Tankred Dorst, Korbes: ein Drama. Mitarbeit: Ursula Ehler. Mit farbigen Zeichnungen von Johannes Grützke. Frankfurt/M. 1988, S. 261.
[28] Auf der Grundlage und unter teilweiser Verwendung von eigenen Studien zu Tankred Dorst, insbesondere von: Die Geschichte widerlegt die Utopie? Zur Aktualität von Tankred Dorsts Bühnenspektakel Merlin oder das wüste Land. In: Euphorion 78/1984, S. 160–179; Tankred Dorst: Merlin oder Das wüste Land. Dramatische Parabel über das notwendige Scheitern der Utopie. In: Lothar Pikulik, Hajo Kurzenberger, Georg Guntermann (Hrsg.), Deutsche Gegenwartsdramatik. Band 2. Göttingen 1987, S. 7–34; Der »Gefährliche Stuhl«. Wandlungen des Mythos in den Artus-Stücken von Tankred Dorst und Christoph Hein. In: Verf. (Hrsg.), Forum. Materialien und Beiträge zur Mittelalter-Rezeption. Göppingen 1922, S. 233–250.
[29] Merlin: Magier und Entertainer. Theater als Phantasiestätte. In: Theater heute 4/1979, S. 37.
[30] Ebd.
[31] In einem Interview mit der Münchner AZ vom 29. Oktober 1982.
[32] Merlin: Magier und Entertainer (s. Anm. 29), S. 37.
[33] Ebd.

[34] Merlin: Magier und Entertainer (s. Anm. 29), S. 35.
[35] Tankred Dorst: Merlins Zauber (s. Anm. 14), S. 94.
[36] Zitat von Ursula Ehler aus: Tankred Dorst: Merlins Zauber (s. Anm. 14), S. 95.
[37] Merlin: Magier und Entertainer (s. Anm. 29), S. 36.
[38] Ebd.
[39] Die Seitenangaben in Klammern nach den »Merlin«-Zitaten beziehen sich auf die erste Buchausgabe: Tankred Dorst: Merlin oder Das wüste Land. Mitarbeit Ursula Ehler. Frankfurt/Main 1981.
[40] Merlins Zauber (s. Anm. 14), S. 53.
[41] Merlins Zauber (s. Anm. 14), S. 51.
[42] Merlins Zauber (s. Anm. 14), S. 58.
[43] Tankred Dorst in einem Interview in: Westermanns Monatshefte 7/1982, S. 13.
[44] Der Band »Merlins Zauber« (s. Anm. 14), stellt im Anhang, S. 139 f., fast 60 Aufführungen in aller Welt zusammen.
[45] Marionetten- und Schauspielfassung gingen später in das Libretto für die 1969 uraufgeführte Oper »Die Geschichte von Aucassin und Nicolette« von Günter Bialas ein.
[46] Tankred Dorst: Die Legende vom armen Heinrich. Mitarbeit Ursula Ehler. Frankfurt/M. 1996, S. 99.
[47] »Der Realismus erweitern« (1999) in: Merlins Zauber (s. Anm. 14), S. 114.
[48] »Der Realismus erweitern« (1999) in: Merlins Zauber (s. Anm. 14), S. 113.
[49] Tankred Dorst: Zur Entstehung von »Korbes«. In: Deutsche Akademie für Sprache und Dichtung. Jahrbuch 1988, S. 52.
[50] Zitat aus: »Wenn wir Zahnschmerzen haben, ist die Politik schon zu Ende.« Ein Interview mit Tankred Dorst. In: Auskünfte von und über Tankred Dorst. Hrsg. v. Markus Desaga u. a. Bamberg 1991 (Fußnoten zur neueren deutschen Literatur 22), S. 10.
[51] Zitat aus: »Von der Angst des Schauspielers, Farbe zu Verlieren.« Gespräch mit Dietz-Rüdiger Moser. Literatur in Bayern 5/1986, S. 43.
[52] Tankred Dorst: Zur Entstehung von »Korbes« (s. Anm. 49), S. 52.
[53] Zitat aus: Von der Angst des Schauspielers, Farbe zu Verlieren(s. Anm. 51), S. 43.

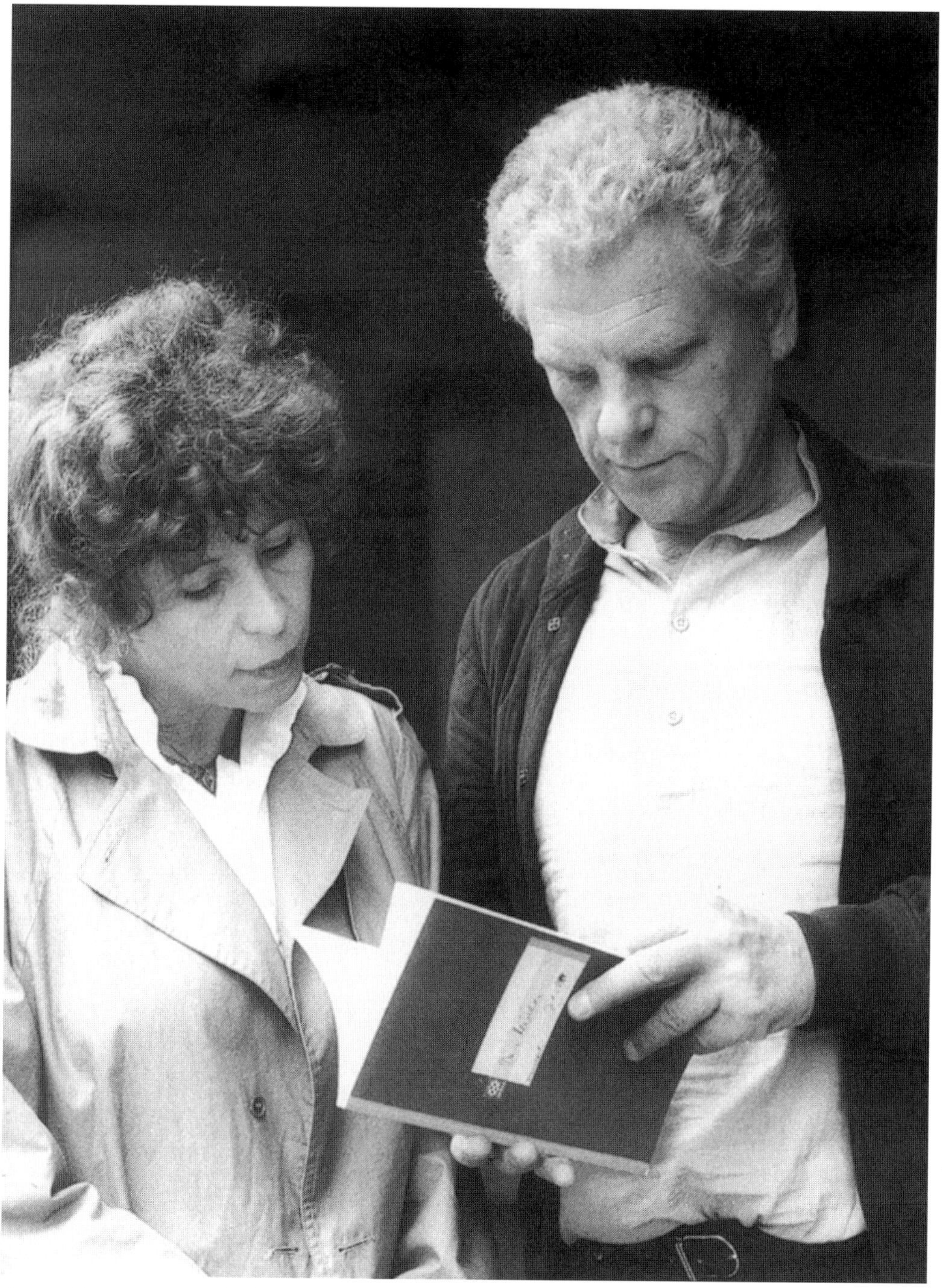

Tankred Dorst und Ursula Ehler

Tankred Dorst: Leben und Werk

1925 am 19. Dezember als Sohn eines Fabrikanten in Oberlind bei Sonneberg in Thüringen geboren.

1931 Tod des Vaters.

1943 Unterbrechung der Schulzeit. Einberufung zum Arbeitsdienst.

1944 Einberufung zum Militär. Einsatz an der Westfront. Kriegsgefangenschaft in den USA und in England.

1947 im Herbst nach Westdeutschland entlassen.

1950 Abitur in Lüdinghausen/Westfalen. Beginn des Studiums der Germanistik und Kunstgeschichte in Bamberg.

1951 Umzug nach München. Zusätzlich Studium der Theaterwissenschaft.

1953 Mitarbeit am studentischen Marionettenstudio »Das kleine Spiel« (bis 1959 sechs Marionettenstücke). Zusammenarbeit mit dem Komponisten Wilhelm Killmayer.

1957 Erste Veröffentlichung: **Geheimnis der Marionette.**

1959 **Auf kleiner Bühne – Versuch mit Marionetten** (Essays). Preis des Nationaltheaters Mannheim für das Theaterstück **Gesellschaft im Herbst**.

1960 **Die Kurve.**
UA: 26. März an den Bühnen der Hansestadt Lübeck. Regie: Hansjörg Utzerath.
Gesellschaft im Herbst.
UA: 2. Juli im Nationaltheater Mannheim. Regie: Heinz Joachim Klein.
La Buffonata (Libretto Ballet Chanté; Musik W. Killmayer).
UA: 30. April an den Städtischen Bühnen Heidelberg. Regie: Hans Neugebauer.
Stipendium des Gerhart-Hauptmann-Preises.
Beginn der Zusammenarbeit mit Peter Zadek bei der Fernsehverfilmung **Die Kurve.**

1961 **Große Schmährede an der Stadtmauer.**
UA: 27. September an den Bühnen der Hansestadt Lübeck. Regie: Ulrich Brecht.

1962 Stipendium der Villa Massimo in Rom.
Die Bühne ist der absolute Ort (Essay).
Rameaus Neffe von Diderot übersetzt und für die Bühne bearbeitet.
UA: 28. September 1963 an den Städtischen Bühnen Nürnberg. Regie: Rolf Lansky.
Aufnahme in die Bayerische Akademie der Schönen Künste.

1964 **Die Mohrin.**
UA: 25. Juni an den Städtischen Bühnen Frankfurt am Main. Regie: Gerhard Klingenberg.
Der gestiefelte Kater oder wie man das Spiel spielt (nach Ludwig Tieck).
UA: 18. Dezember am Deutschen Schauspielhaus Hamburg. Regie: Hans Lietzau.
Yolimba oder die Grenzen der Magie (Musikalische Posse, Musik: W. Killmayer).
UA: 15. März am Hessischen Staatstheater Wiesbaden. Regie: Hans Neugebauer.
Förderpreis der Stadt München.
Gerhart-Hauptmann-Preis der Freien Volksbühne, Berlin.
Herausgeber der »collection theater«.

1966 **Der Richter von London** (nach Thomas Dekker).
UA: 27. Februar an den Städtischen Bühnen Essen. Regie: Joachim Fontheim.

1967 **Der Geizige** von Molière übersetzt und bearbeitet.
EA: Württembergisches Staatstheater Stuttgart. Regie: Peter Zadek.
Der Preispokal von Sean O'Casey übersetzt und bearbeitet.
EA: 21. November an den Wuppertaler Bühnen mit dem Titel **Der Pott**. Regie: Peter Zadek.

1968 **Toller.**
UA: 9. November am Staatstheater Stuttgart. Regie: Peter Palitzsch.
Der eingebildete Kranke von Molière übersetzt.
EA: 23. November am Staatstheater Kassel. Regie: Kai Braak.

1969 **Rotmord.** Fernsehspiel von Tankred Dorst und Peter Zadek (nach Toller), WDR, Regie: Peter Zadek
Die Geschichte von Aucassin und Nicolette. (Libretto, Musik: Günter Bialas).
UA: 12. Dezember an der Bayerischen Staatsoper München.

1970 Writer in Residence am Oberlin College, Ohio. Preis der Stadt Florenz (zusammen mit Peter Zadek) für **Rotmord.**
Lissabonner Theaterpreis.
Piggies. Fernseh- und Kinofilm, WDR, Regie: Peter Zadek, ARD.

1971 **Sand.** Fernsehfilm, WDR, Regie: Peter Palitzsch, ARD.
Die Arbeit an **Sand** ist der Beginn der Zusammenarbeit mit Ursula Ehler. Fast alle folgenden Werke schreibt Dorst mit ihr gemeinsam. Sie wird später seine Frau.

1972 **Kleiner Mann, was nun?** nach dem Roman von Hans Fallada.
UA: 22. September am Schauspielhaus Bochum. Regie: Peter Zadek.

1973 **Eiszeit.**
UA: 17. März am Schauspielhaus Bochum.
Regie: Peter Zadek.

1975 **Auf dem Chimborazo.**
UA: 23. Januar am Schloßpark-Theater Berlin.
Regie: Dieter Dorn.

1976 Neufassung von **Auf dem Chimborazo.**
EA: Münchner Kammerspiele. Regie: Harald Clemen.
Dorothea Merz (Fragmentarischer Roman)
Dorothea Merz. Fernsehfilm in zwei Teilen.
WDR, Regie: Peter Beauvais, ARD.

1977 **Goncourt oder die Abschaffung des Todes** (zusammen mit Horst Laube).
UA: 5. Juni an den Städtischen Bühnen Frankfurt.
Regie: Peter Palitzsch.

1978 **Klaras Mutter.** Fernsehfilm.
WDR, Regie: Tankred Dorst, ARD.
George Dandin von Molière übersetzt.
EA: 16. Juli bei den Festspielen in Bad Hersfeld.
Regie: Gerd Heinz.
Mitglied der Deutschen Akademie für Sprache und Dichtung in Darmstadt.

1980 **Die Villa.**
UA: 20. Oktober am Düsseldorfer Schauspielhaus/ Württembergischen Staatstheater Stuttgart. Regie: Jaroslav Chundela/Günter Krämer.
Mosch. Fernsehfilm. WDR, Regie: Tankred Dorst, ARD.

1981 **Merlin oder das wüste Land.**
UA: 24. Oktober am Düsseldorfer Schauspielhaus.
Regie: Jaroslav Chundela.

1982 **Ameley, der Biber und der König auf dem Dach.** Ein Stück für Kinder.
UA: 30. Oktober am Burgtheater Wien. Regie: Peter M. Preissler.

1983 **Eisenhans.** Kinofilm. Bavaria/WDR, Regie: Tankred Dorst, Filmfestspiele Berlin.
Literaturpreis der Bayerischen Akademie der Schönen Künste, München.
Aufnahme in die Akademie der Wissenschaften und Literatur, Mainz.

1984 **Die Reise nach Stettin.** Erzählung.
Prix »L'âge d'or« des Königlichen Filminstituts von Belgien für **Eisenhans.**

1985 **Heinrich oder die Schmerzen der Phantasie.**
UA: 16. Juni am Düsseldorfer Schauspielhaus.
Regie: Volker Hesse.
Band 1 der Werkausgabe erscheint.
Der Bürger als Edelmann von Molière übersetzt.
EA: 26. März am Deutschen Schauspielhaus Hamburg. Regie: Jérôme Savary.

1986 **Ich, Feuerbach.**
UA: 18. Oktober am Bayerischen Staatsschauspiel, München. Regie: Volker Hesse.
Grindkopf (Libretto für Schauspieler).
Der nackte Mann. Prosatext.

1987 **Der verbotene Garten. Fragmente über D'Annunzio.**
UA: 5. März am Stadttheater St. Gallen.
Regie: Jaroslav Gillar.
Parzival
UA: 12. September am Thalia Theater, Hamburg.
Regie: Robert Wilson.
Carl-Zuckmayer-Medaille des Landes Rheinland-Pfalz für Verdienste um die deutsche Sprache.
Carl Schaeffer Playwright's Award in New York.

1988 **Der verbotene Garten.**
Deutsche EA: 11. Februar an der Freien Volksbühne, Berlin. Regie: Hans Neuenfels.
Korbes.
UA: 4. Juni am Deutschen Schauspielhaus, Hamburg. Regie: Wilfried Minks.
Grindkopf.
UA: 15. Dezember an den Städtischen Bühnen Frankfurt. Regie: Alexander Brill.

1989 Mühlheimer Dramatikerpreis für **Korbes.**

1990 **Parzival.**
UA der Neufassung: 13. Januar an den Städtischen Bühnen Frankfurt. Regie: Alexander Brill.
Karlos.
UA: 6. Mai an den Münchner Kammerspielen.
Regie: Dieter Dorn.
Georg-Büchner-Preis der Deutschen Akademie für Sprache und Dichtung, Darmstadt.

1991 Ludwig-Mühlheims-Preis für religiöse Dramatik für **Korbes.**

1992 **Fernando Krapp hat mir diesen Brief geschrieben.**
UA: 15. Mai am Burgtheater Wien, Akademietheater.
Regie: Wilfried Minks.

1994 **Herr Paul.**
UA: 13. Februar am Deutschen Schauspielhaus in Hamburg. Regie: Jossi Wieler.
Nach Jerusalem.
UA: 18. Dezember 1994 am Deutschen Schauspielhaus in Hamburg. Regie: Matthias Hartmann.
Wie Dilldapp nach dem Riesen ging. Ein Stück für Kinder.
UA: 30. Oktober am Deutschen Schauspielhaus, Hamburg. Regie: Götz Loepelmann.
Preis des deutschen Zentrums des Internationalen Theaterinstituts (ITI) Berlin.
Dramen-Preis des Goethe-Instituts für **Herr Paul.**

1995 **Die Schattenlinie.**
UA: 28. Januar am Burgtheater Wien, Akademietheater. Regie: Hans Hollmann.

1996 **Die Geschichte der Pfeile.** Ein Triptychon.
UA: 18. März an den Bühnen der Stadt Köln.
Regie: Torsten Fischer.

1997 **Die Legende vom armen Heinrich.**
UA: 26. Februar an den Münchner Kammerspielen.
Regie: Jens-Daniel Herzog.
Das Stück war bereits 1993 Vorlage für eine Performance des Serapion Theaters in Wien unter dem Titel **Einen Schatten habe ich umarmt, einen Wahn habe ich gefreit und einen Traum besessen** von Erwin Piplits.
Harrys Kopf.
UA: 17. Oktober am Düsseldorfer Schauspielhaus.
Regie: Wilfried Minks.
Was sollen wir tun.
UA: 28. November am Schauspiel Bonn/Staatsschauspiel Dresden.
Regie: Antoine Uitdehaag/Tobias Wellemeyer.
E.T.A.-Hoffmann-Preis der Stadt Bamberg für Tankred Dorst und Ursula Ehler.

1998 **Wegen Reichtum geschlossen.** Eine metaphysische Komödie.
UA: 14. März am Bayerischen Staatsschauspiel München. Regie: Alexander Lang.
Max-Frisch-Preis, Zürich.

1999 **Don't eat little Charly!** (Friß mir nur mein Karlchen nicht!). Stück für Kinder.
UA: 8. Juli am Royal National Theatre London im Rahmen einer Projekt- Festwoche.
Deutsche EA: 19. Oktober 2000 an den Städtischen Bühnen Heidelberg. Regie: Wolfgang Maria Bauer.
König Sofus und das Wunderhuhn. Ein Stück für Kinder.
UA: 28. September am Thalia Theater Halle.
Regie: Paula Mader.
Große Szene am Fluß.
UA: 25. September am Bayerischen Staatsschauspiel München. Regie: Klaus Emmerich.

2000 **Ich will versuchen Kupsch zu beschreiben.**
Künstlerbuch in der Raamin-Presse Roswitha Quadflieg.

2001 **Die Freude am Leben. Kupsch.**
Stücke und Materialien, erschienen in der edition suhrkamp theaterreihe.
Merlins Zauber
erschienen im Suhrkamp Verlag.
Kupsch. Monolog.
UA: 22. November 2001 am Deutschen Theater Göttingen. Regie: Boris von Poser.
Die Legende vom armen Heinrich. Oper von Ernst August Klötzke.
UA: 16. Dezember 2001 am Staatstheater Wiesbaden.
Musikalische Leitung: Enrico Delamboye,
Regie: Iris Gerath-Prein.

2002 **Die Freude am Leben.** Drama.
UA: 12. Januar 2002 am Schauspiel Bonn.
Regie: Harald Clemen.
Othoon. Ein Fragment.
UA: 19. Januar 2002 am Schauspiel Frankfurt.
Regie: Alexander Brill.
Othoon. Stück und Materialien, erschienen in der edition suhrkamp theaterreihe

Sekundärliteratur (in Auswahl):

Peter Bekes: Tankred Dorst: Bilder und Dokumente. Katalog zur Ausstellung in München 21.9.–3.11.1991. München, 1991.

Erken, Günther (Hg.): Tankred Dorst. Frankfurt a.M.: Suhrkamp Verlag, 1989.

Laube, Horst (Hg.): Werkbuch über Tankred Dorst. Frankfurt a.M.: Suhrkamp Verlag, 1974.

Tankred Dorst. Hrsg. von Heinz Arnold. München: Edition Text + Kritik, 2000. (Text + Kritik. 145)

S. auch http://www.suhrkamp.de/autoren/dorst/dorst_bio.htm.

Mit freundlicher Genehmigung des Suhrkamp Verlags.

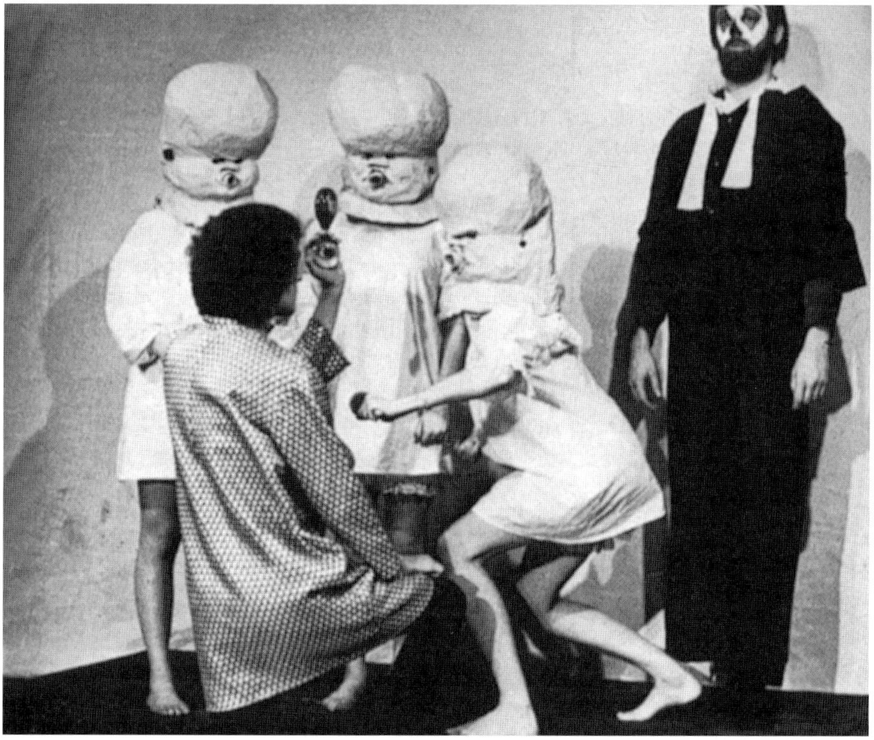

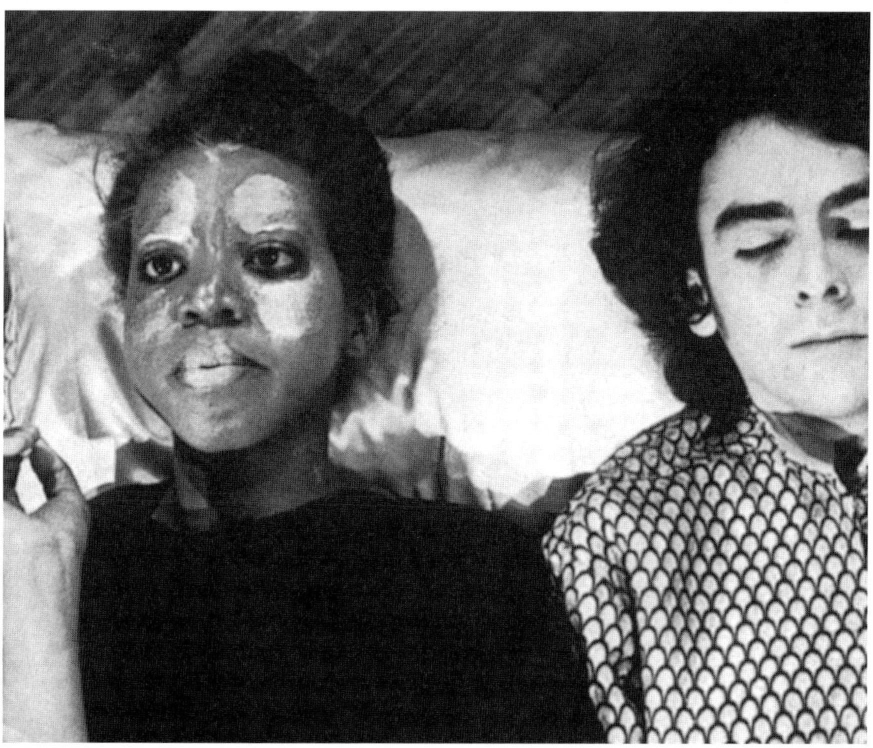

»Die Mohrin«. Aufführung am Oberlin-College, 1970.

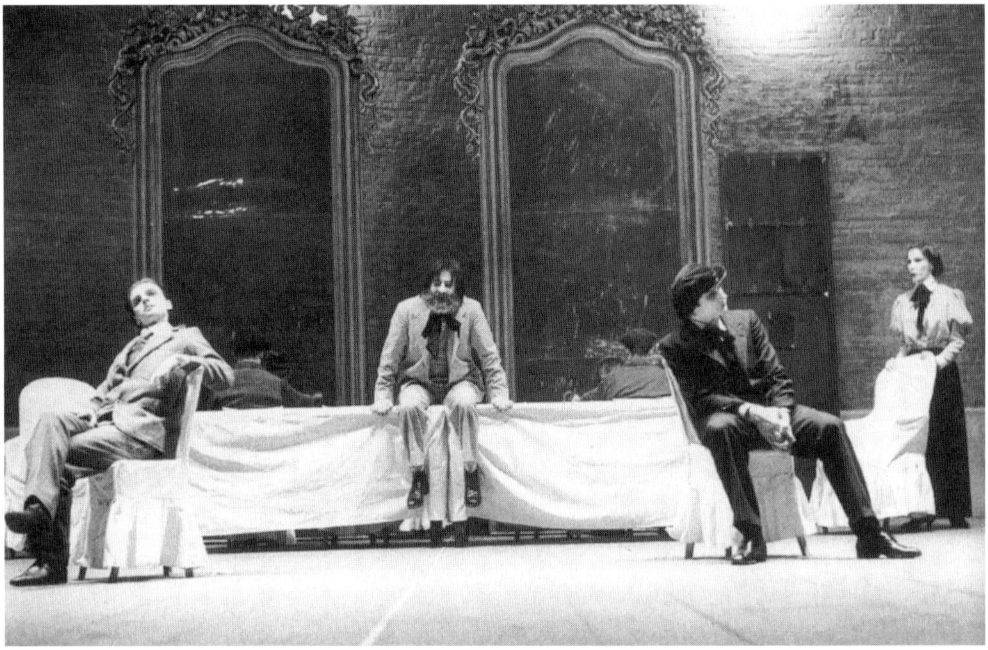

»Toller« am Piccolo Teatro di Milano, 1971.

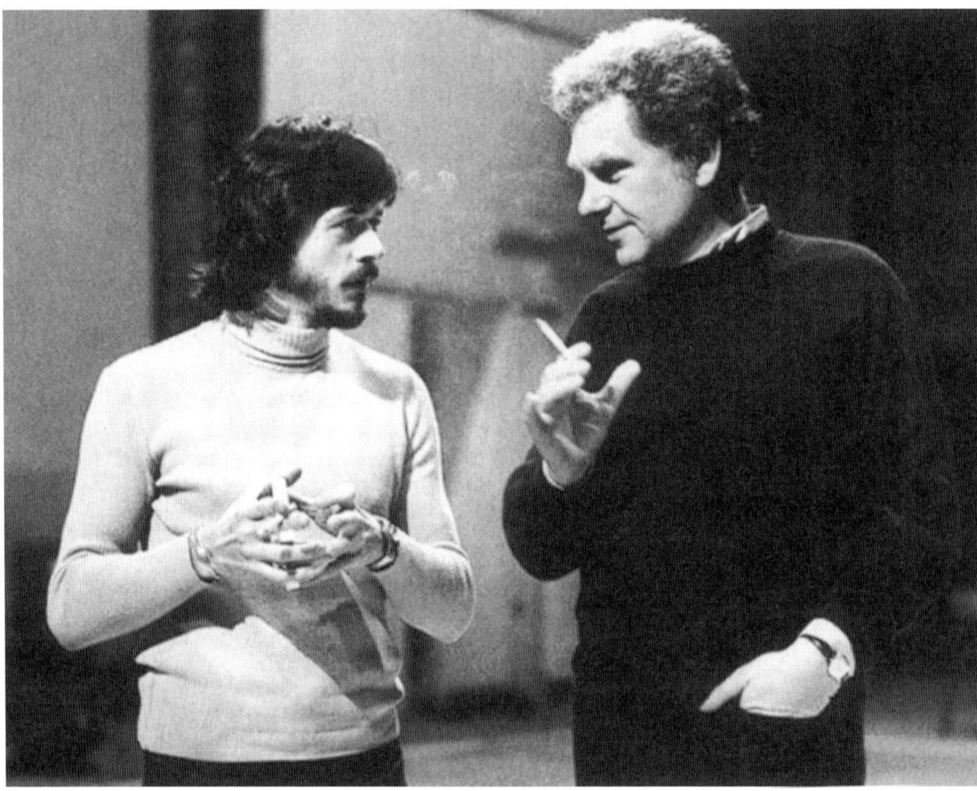

Mit Patrice Chéreau bei den »Toller«-Proben in Paris, 1973.

Aufführungen im Ausland (in Auswahl)

Fernando Krapp hat mir diesen Brief geschrieben
Belgien
Théâtre de la Valette Ittre 1995
Koninklijke Vlaamse Schouwburg, Brüssel 1992-1994
Finnland
Kotka, Stadttheater 1998
Frankreich
Théâtre Montparnasse, Paris 2000
Lettland
Daugavpils, Daugavpils Teatris 1995-1996
Riga, Latvijas Dailes Teatris 1999-2000
Liepaja, Liepajas Teatris 2001-2002
Niederlande
's-Hertogenbosch, Productiehuis Brabant 2001
Norwegen
Oslo u. Tournee, Teater Effekt 2001
Polen
Jelenia Gora, Agencja Artystyczna SCENA Joanna Krawczyk 1999-200
Torun, Horzycy Theater 1995-1997
Poznan, Teatr Polski 1997-1998
Warszawa, Teatr Powszechny 1995-1998
Krakow, Stary Teatr 1998-2000
Portugal
Lissabon, Novo Grupo de Teatro, Teatro Aberto 1996-1997
Rumänien
Pietra Neamtz, Teatrul Tineretului Piatra Neamt 1999-2000
Resita, Teatrul »Ga. Petculescu« 2000-2001
Slowakische Republik
Bratislava, Slowakisches Nationaltheater 1995-1997
Türkei
Barkirköy Municipality Theater, Istanbul 1994-1995
Ukraine
Kiew, Lessja-Ukrainka-Theater 1995-1996
USA
Seattle, AHA! Theatre Mr. Jeffery Paul Reid 1997

Friß mir nur mein Karlchen nicht!
Großbritannien
Theatre Royal Bath London 1999

Große Schmährede an der Stadtmauer
Über 200 Aufführungen weltweit. Zuletzt:
Belgien
Théâtre Groupov Brüssel 1994
Frankreich
Théâtre Jean Daste, Saint Etienne 1988
Théâtre du Chaudron, Paris 1990
L'Éspace Culturel André Malraux, Kremlin-Bicêtre 1996
Cavrois Mahieu; Roubaix 1998
Gymnase, Roubaix 1998
Schweiz
Grange de Dorigny, Lausanne 1998

Ich, Feuerbach
Belgien
Antwerpen, Theater ZUIDPool 1996 (in flämischer Sprache)
Comédie Claude Volter Brüssel 2000/2001
Brasilien
Camillo de Lolis Teatro Institute Goethe, Porto Alegre 1994-1995
Rio de Janeiro, Fadlo Sabag 2000
Bulgarien
Sofia, Little City Theatre 1998-2000
Finnland
Turku, Turku Stadttheater 2001
Frankreich
Théâtre de la Bruyere, Paris 1989
Nouveau Théâtre Dijon-Bourgogne Dijon 1993
Théâtre de l'Elysée, Lyon 1998
Festival d'Avignon 1998
Théâtre du Tresor, Brest 1998
Théâtre des 7 lieues, Velizy 1999
Théâtre de l'Espace, Saint Etienne; 2000
Griechenland
Morphes Theater 1995-1996
Israel
Tel Aviv und Tournee, Theatergruppe Karl Markowitz 1996-1997
Italien
Cagliari/Sardinien, Teatro dell'Arco 1996-1997
Kanada
Groupe de la Veillée, Montreal 1995
Montreal u. Gastspiele, Groupe de la Veillée 2000-2002
Polen
Bialystok, Theater Dramatyczny 1995-1996
Krakow, STu Theatre 1995-1997
Portugal
Centre Dramático de Evora, Teatro Garcia de Resende 1994-1995
Schweiz
La Sarraz, ATT2 2001-2002

Korbes
Belgien
Tournee flämisches Belgien, Theatergruppe Hollandia 1995/1996
Frankreich
Théâtre de l'Idéal, Tourcoing 1995
Niederlande
's-Hertogenbosch, Productiehuis Brabant 1997
Tournee Niederlande, Theatergruppe Hollandia 1995-1996
Schweiz
Productions Pierre Nicole, Ferney-Voltaire 1995
Türkei
Istanbul, Dostlar Tiyatrosu 2001
Ukraine
Kiew, Maladoi Theater 1997-1998

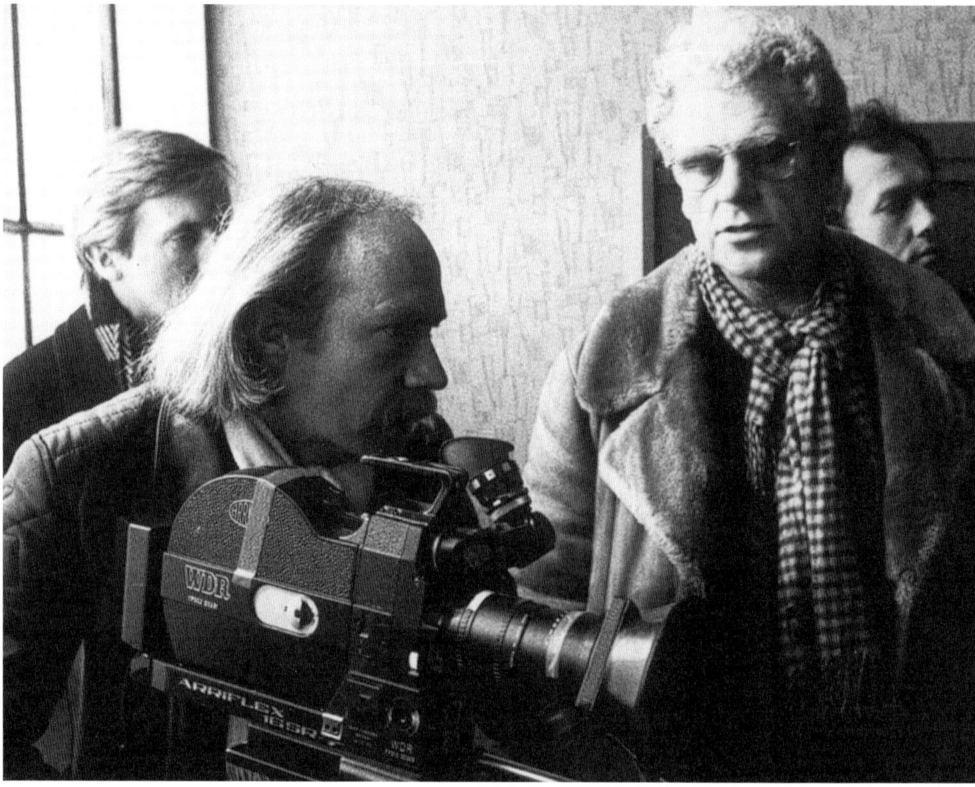

Bei den Dreharbeiten von »Mosch«. Kamera: Jürgen Jürgens.

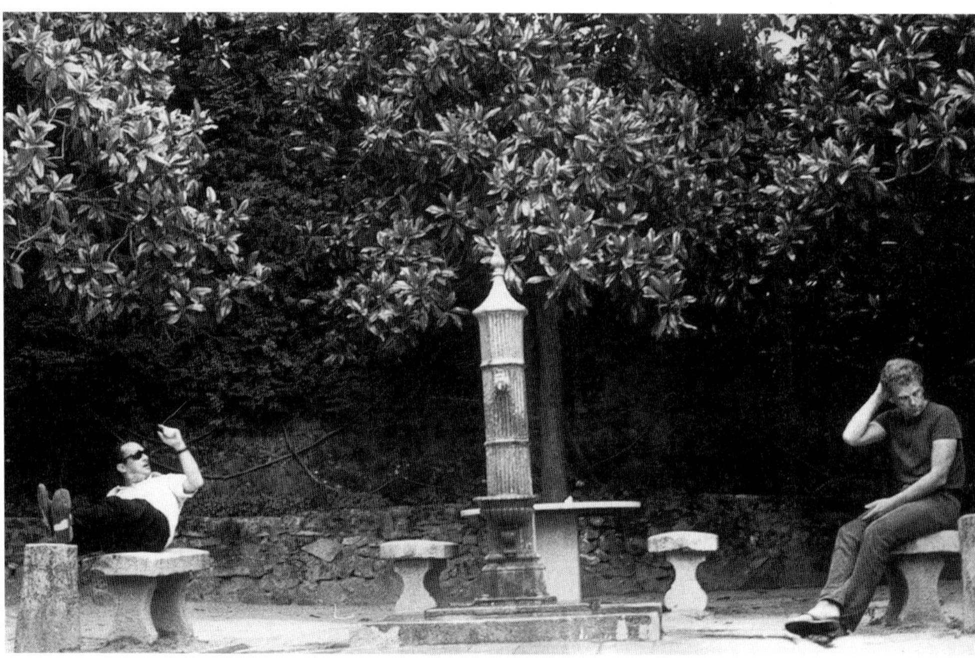

Mit Peter Zadek.

Die Kurve
Über 200 Aufführungen weltweit.

Herr Paul
Argentinien
Buenos Aires, Roberte Aguirre 1996-1997
Buenos Aires, Sr. Orlando Santos 1998-1999
Australien
Sydney NSW 2000, Sydney Art Theatre 1999
Belarus
Goethe-Institut Minsk 1998-1999
Belgien
Tournee Belgien, Blauwe Maandag Compagnie 1995-1996
Brasilien
Porto Alegre, Cia Teatral Face 2 Carretos 1996-1997
São Paulo, Institute Goethe São Paulo 1998
São Paulo 05413-001 SP, Institute Goethe São Paulo Verlängerung 1999
Dänemark
Arhus, Arhus Teater 1998-1999
Estland
Tallinn, Estonian Drama Theatre 1996-1998
Finnland
Stadttheater Helsinki 1995-1996
Helsinki, Theaterhochschule 2001
Großbritannien
London, Contemporary Stage Company 2001
Japan
Tokyo, ENGEKI SHUDAN EN 1997
Lettland
Liepaja, Liepajas Teatris 1998-1999
Niederlande
Tournee Niederlande, Blauwe Maandag Compagnie 1995-1996
Polen
Poznan, Teatr Polski 1996-1997
Lodz, Teatrim Stefana Jaracza 1997-1998
Krakow, Teatr Ludowy 2000-2001
Tschechische Republik
Prag, Theater Kolowrat 1994-1997
Ungarn
Budapest, Katona Jozsef Theater 1999-2000
Venezuela
Caracas, Fundacion »La Quimera Teatro« 1997

Akrobaten (Was sollen wir tun)
Brasilien
São Paulo, 2002-2003

Merlin oder das wüste Land
Brasilien
Rio de Janeiro, Jayme Chaves 1996-1998
Dänemark
Kopenhagen, Ostre Gasvark Teater 2001-2002
Odense C, Odense Teater 2001-2003
Finnland
Turku, Turku Stadttheater 1996-1997
Irland
Dublin, Brimstone Theater Company 1997
Niederlande
Heidenskip, SULT Stifting Südwesthoeke Lokaasje Teater 2001
Portugal
Palmela, Coop . Producão Artistica »O Bando« 2000
Porto, Teatro Nacional São João 2001
Tschechische Republik
Brno, Nationaltheater Brno (Národni divadlo v Brné) 1995-1997
Cheb, Westböhmisches Theater 2001
Ukraine
Kiew, Iwan Franko Theater 1996
Ungarn
Budapest, Theater Uj Szinhaz 1996
USA
The Road Theatre Company, The other side of the hill Productions, Inc. Los Angeles 1995

Parzival
Brasilien
São Paulo, Herr Sergio Ferrara 1999
Finnland
Helsinki, Teatteri Pieni Suomi 1999-2000

Die Legende vom armen Heinrich
Tschechische Republik
Zlin, Städtisches Theater Zlin 1999-2001

Quellen und Nachweise:

Texte:
Tankred Dorst: Werkstattberichte. (Mitarbeit Ursula Ehler). Hg. von Günther Erken. Frankfurt/M. 1999. (suhrkamp taschenbuch 2925).
Die unreine Kunst. Botschaft zum Welttheatertag 2003. Aus: Theater heute 3/2003.

Abbildungen:
Umschlag und S. 6: Isolde Ohlbaum; S. 4: Tankred Dorst: Werkstattberichte (s. oben); S. 9, 10, 30, 73, 78 Peter Bekes: Tankred Dorst. Bilder und Dokumente München 1991; S: 22: Foto: Stefan Wagner. S. 29, 57, 58, 60 Tankred Dorst: Merlins Zauber (wie Anm. 14.); S. 38: »Wie Dilldapp nach dem Riesen ging«. Programmheft der Aufführung. Deutsches Schauspielhaus Hamburg, 30. 10. 1994; S. 40: »Friß mir nur mein Karlchen nicht!«. Programmheft der Aufführung Münchener Volkstheater, 28. 11. 2001; S. 45: »Grindkopf. Libretto für Schauspieler«. Mit farbigen Zeichnungen von Roland Topor. Frankfurt/M. 1986 (insel taschenbuch 929); S. 46: »Korbes«. Plakat der UA. Deutsches Schauspielhaus Hamburg, 4. 6. 1988; S. 51: »Die Legende vom armen Heinrich.« Oper von Ernst August Klötzke. Libretto: Tankred Dorst. Programmheft der UA Hessisches Staatstheater Wiesbaden, 15. 12. 2001; S. 59 »Parzival«. Ein Szenarium. (Mitarbeit Ursula Ehler). Frankfurt/M. 1990; S. 74: Laube, Horst (Hg.): Werkbuch über Tankred Dorst. Frankfurt/M. 1974.

Die Autoren:
Dr. Peter Bekes ist Germanist und lehrt Literaturdidaktik an der Universität Duisburg-Essen.
Professor Dr. Rudolf Denk lehrt Deutsche Sprache und Literatur an der Pädagogischen Hochschule Freiburg i. Br.
Jens Groß ist Chefdramaturg am schauspielfrankfurt.
Ernst August Klötzke ist künstlerischer Leiter der »musik-theater-werkstatt« am Hessischen Staatstheater in Wiesbaden.
Professor Dr. Rüdiger Krohn lehrt Deutsche Literatur- und Sprachgeschichte des Mittelalters und der Frühen Neuzeit an der Technischen Universität Chemnitz.
Dr. Alessandra Sorbello Staub, Historikerin und Germanistin, ist Bibliotheksrätin an der Bayerischen Staatsbibliothek München.

Stadt- und Universitätsbibliothek
Ausstellungen zur Stiftungsgastdozentur Poetik
an der Johann Wolfgang Goethe-Universität Frankfurt am Main

[1] Peter Rühmkorf.
Ausstellung und Begleitheft: Carl Paschek. Juni 1980, 30 S.
[2] Martin Walser
Ausstellung und Begleitheft: Carl Paschek. Oktober 1980, 47 S.
[3] Günter Kunert.
Ausstellung und Begleitheft: Alfred Estermann. April 1981, 30 S.
[4] Peter Bichsel.
Ausstellung und Begleitheft: Carl Paschek. Januar 1982, 30 S.
[5] Christa Wolf.
Ausstellung und Begleitheft: Winfried Giesen. Mai 1982, 38 S.
[6] Wolfgang Koeppen.
Ausstellung und Begleitheft: Alfred Estermann. November 1982, 70 S.
[7] Peter Härtling.
Ausstellung und Begleitheft: Carl Paschek. Januar 1984, 72 S.
[8.] Paul Nizon.
Ausstellung und Begleitheft: Alfred Estermann. Mai 1984, 60 S.
[9] Ernst Jandl.
Ausstellung: Carl Paschek. Begleitheft: Alfred Estermann. Oktober 1984, 68 S.
[10] Hermann Burger.
Ausstellung und Begleitheft: Carl Paschek. Januar 1986. 52 S.
[11] Hermann Lenz.
Ausstellung und Begleitheft: Gisela Scholz. Mai 1986. 36 S.
[12] Ludwig Harig.
Ausstellung und Begleitheft: Carl Paschek. Mai 1987. 48 S.
[13] Hilde Domin.
Ausstellung und Begleitheft: Bernhard Koßmann unter Mitarbeit von Winfried Giesen. Januar 1988. 58 S.
[14] Peter Sloterdijk.
Begleitheft: Carl Paschek. Mai 1988. 54 S.
[15] Christoph Meckel.
Ausstellung und Begleitheft: Bernhard Koßmann und Andreas Werner unter Mitarbeit von Monika Richter. November 1988. 56 S.
[16] Jurek Becker.
Ausstellung und Begleitheft: Carl Paschek. Mai 1989. 62 S.
[17] Günter Grass.
Ausstellung und Begleitheft: Carl Paschek. Februar 1990. 80 S.
[18] Hans Christoph Buch.
Ausstellung und Begleitheft: Carl Paschek. April 1990. 52 S.
[19] Karl Dedecius.
Ausstellung und Begleitheft: Alfred Estermann. Januar 1991. 48 S.
[20] Walter Jens.
Ausstellung und Begleitheft: Carl Paschek. Januar 1992. 56 S.
[21] Dieter Kühn.
Ausstellung und Begleitheft: Jochen Stollberg. Januar 1993. 88 S.
[22] Dieter Wellershoff.
Ausstellung und Begleitheft: Carl Paschek. Januar 1996. 56 S.
[23] Sarah Kirsch.
Ausstellung und Begleitheft: Carl Paschek. Januar 1997. 60 S.
[24] Marlene Streeruwitz.
Ausstellung und Begleitheft: Klaus Makoschey, Wilhelm R. Schmidt. Januar 1998. 72 S.
[25] Eva Demski.
Ausstellung: Klaus Makoschey, Klaus Strunk. Begleitheft: Klaus Makoschey unter Mitarbeit von Monika Richter, Andrea Wölbing. Januar 1999. 64 S.
[26] Hans-Ulrich Treichel
Ausstellung: Alessandra Sorbello Staub und Wilhelm Richard Schmidt. Begleitheft: Alessandra Sorbello Staub. Januar 2000. 48 S.
[27] Robert Gernhardt
Ausstellung und Begleitheft: Carl Paschek. Mai 2001. 96 S.